BUSINESS PROFI

Hans-Georg Willmann

Das Berufseinsteigerbuch

Was Hochschulabsolventen wissen müssen

Den Praxistest Probezeit meistern

Die Grundsteine für eine langfristige
Karriere legen

Bibliografische Information der Deutschen Nationalbibliothek
Die Deutsche Nationalbibliothek verzeichnet diese Publikation in der
Deutschen Nationalbibliografie; detaillierte bibliografische Daten sind
im Internet über http://dnb.d-nb.de abrufbar.

Das Wort **Cornelsen** ist für die Cornelsen Verlag GmbH als Marke geschützt.

© Cornelsen Scriptor 2011   D C B A
Bibliographisches Institut GmbH
Dudenstraße 6, 68167 Mannheim

Redaktion Dr. Hildegard Hogen
Herstellung Monika Schoch
Layout Text und Form, Karon / Düsseldorf
Umschlagabbildung Fotolia / abcmedia: Start
Umschlaggestaltung glas-ag, Seeheim-Jugenheim
Satz Fotosatz Moers, Viersen
Druck und Bindung CPI books, Birkstraße 10, 25917 Leck
Printed in Germany

ISBN 978-3-411-86432-4

VORWORT

Ist Karriere planbar oder nur Zufall? Gibt es einen Schlüssel zum Erfolg? Wie vermeiden Sie, dass aus Ärger am Arbeitsplatz Mobbing wird? Was müssen Sie als Frau beim Berufseinstieg besonders beachten? Und was können Sie machen, wenn Sie in der Probezeit gefeuert werden?

Der Übergang vom Studium in den Beruf gehört zu den spannendsten Kapiteln des Lebens. Ab sofort genießen Sie keinen Welpenschutz mehr, und es lauern Fettnäpfe überall. Mit dem Einstieg in die erste Probezeit Ihres Lebens unternehmen Sie, ob beabsichtigt oder nicht, wichtige Schritte auch für Ihre langfristige Karriere.

Reflektieren Sie gleich zu Beginn Ihrer beruflichen Laufbahn bewusst, ob Sie der Typ für eine Managementkarriere oder eine Fachkarriere sind. Prüfen Sie, in welchem Unternehmensumfeld Sie sich wohl fühlen werden, in gewinnorientierten Unternehmen oder in gemeinnützigen Organisationen.

Definieren Sie Ihr Karriereziel und testen Sie, welche Voraussetzungen Sie für die Zielerreichung mitbringen. Lernen Sie die Top-9-Karrierefaktoren kennen und trainieren Sie Ihre Top-5-Karrierekompetenzen.

Und freuen Sie sich auf viele interessante Impulse aus der Psychologie, der Verhaltensbiologie und der Hirnforschung. Lesen Sie zum Beispiel, warum Stress dumm macht und Zebras keine Magengeschwüre bekommen, wie Sie gefährliche Brandbeschleuniger löschen, bevor diese zum *Burn-out* führen, und wie Sie der Frustfalle Chef entkommen können.

Wer sich vertieft mit einzelnen Themen auseinandersetzen will, findet im Literaturverzeichnis weiterführende Anregungen.

In diesem Buch verwende ich häufig die männliche und manchmal die weibliche Sprachform. In jedem Falle sind natürlich jeweils beide Geschlechter angesprochen.

Ich wünsche Ihnen einen erfolgreichen Start in Ihr Berufsleben und viel Spaß beim Lesen.

Freiburg im Breisgau, im Sommer 2011
Dipl.-Psych. Hans-Georg Willmann

DER AUTOR

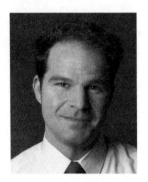

Hans-Georg Willmann ist Diplom-Psychologe, Coach und Karriereexperte. Seit 1998 berät er Menschen in beruflichen Veränderungs- und Krisensituationen. Er war als Personalreferent tätig, bevor er 2003 seine eigene Personalberatung gründete.

Willmann hat bereits die Bücher *Wirkungsvoll bewerben* (2010), *In 90 Tagen aus der Arbeitslosigkeit* (2010) und *Das Jobwechsler Buch* (2009) geschrieben.

Kontakt:
willmann@jobid.de
www.hans-georg-willmann.de

INHALTSVERZEICHNIS

REIF FÜR DIE PRAXIS

Fühlen Sie sich bei dem Gedanken an Ihren ersten Arbeitstag, Ihre erste Arbeitswoche und Ihre erste Probezeit sicher? Fühlen Sie sich reif für die Praxis? Im ersten Kapitel lesen Sie, wie Sie sich Ihren Einstieg beim ersten Arbeitgeber mit Sicherheit vermasseln, warum Ihre innere Haltung so entscheidend ist und was der zentrale Unterschied zwischen Studium und Beruf ist.

Klären Sie auf den folgenden Seiten die drei Fragen:
1. Mit welcher Einstellung starte ich in den Beruf?
2. Was bedeutet für mich Karriere?
3. Welche Werte gelten bei meinem Arbeitgeber?

Wie Sie sich den Einstieg vermasseln

Endlich ist das Studium fertig! Die Praxis lockt mit Abwechslung und Gestaltungsspielraum. Manch einer läuft schon bei dem Gedanken daran zu Hochtouren auf. Andere fröstelt es bei der Vorstellung, nun die Verantwortung für das eigene Handeln zu tragen. Wie geht es Ihnen? Prüfen Sie, ob Sie sich zu einem der beschriebenen Einsteigertypen zählen.

Der Selbstüberschätzer

Er kam, sah und siegte. Wenn Sie nach diesem Motto in den Beruf starten, haben Sie garantiert schnell viele Feinde. Sollten Sie das wünschen, dann zeigen Sie von der ersten Stunde an, dass Sie alles besser wissen. Anflüge von Unsicherheit sollten Sie möglichst arrogant überspielen. Fordern Sie schnell und viel und halten Sie sich nicht mit Zuhören auf. Selbstüberschätzer werden von allen gehasst. Das macht es einfacher zu scheitern.

Wer sich selbst überschätzt, kommt nicht gut an.

Der Selbstunterschätzer

Ist Ihnen eher daran gelegen, sich zum nützlichen Idioten zu machen? Das schaffen Sie am besten, indem Sie mit Ihrer Meinung konsequent hinter dem Berg halten oder besser erst gar keine erarbeiten. Sagen Sie zu jedem und zu allem einfach Ja. Dann haben Sie eine Menge Arbeit und wenig Achtung. Selbstunterschätzer werden ausgenutzt und bedauert. Das ist eine gute Basis für beruflichen Misserfolg.

Wer sich selbst unterschätzt, macht es sich und anderen schwer.

Der Überengagierte

Vielleicht haben Sie auch Interesse daran, auf schnellstem Wege in die *Burn-out-Falle* zu gehen. Dann empfehle ich Ihnen die folgenden Brandbeschleuniger. Geben Sie sofort 150 Prozent. Arbeiten Sie mehr als zwölf Stunden am Tag und am besten auch am Wochenende. Zeigen Sie, dass Ihnen keine Arbeit zu viel, kein Termin zu spät und kein Kunde zu schwierig ist. Überengagierte werden von Kollegen als Bedrohung erlebt und angefeindet. Von Vorgesetzten werden sie über Gebühr belastet. So schaffen Sie es zügig in die Klinik.

Der Unterengagierte

Wollen Sie eher eine ruhige Kugel schieben? Dann sollten Sie nur das Nötigste machen. Schalten Sie schon zu Beginn auf Sparmodus. Nehmen Sie zwischen acht Uhr morgens und Feierabend Schonhaltung ein. Setzen Sie deutliche Zeichen, wozu Sie bereit sind – eigentlich ja zu nichts. So werden Sie garantiert recht bald nicht mehr gefragt, ob Sie eine Aufgabe übernehmen können. Unterengagierte werden schnell als *Low Performer* identifiziert. So befördern Sie sich noch in der Probezeit ins Abseits und wahrscheinlich auch aus der Firma.

Der Dickhäuter

Ist es Ihnen herzlich egal, ob ein Kollege etwas an Ihnen kritisiert, und hören Sie einfach weg, wenn Ihre Vorgesetzte Verbesserungsvorschläge an Sie richtet? Gut so, ein dickes Fell macht Sie unempfindlich gegenüber so etwas Lästigem wie Kritik und Anregung. Dickhäuter bekommen Veränderungen gar nicht mit, auch wenn sie sie besser mitbekommen sollten. Das ist eine gute Voraussetzung, um nur kurz in einem Unternehmen zu bleiben.

Der Dünnhäuter

Auch Dünnhäuter sind nicht eben gern gesehen. In der Berufspraxis wird so manche Auseinandersetzung mit harten Bandagen ausgefochten. Wenn Sie sich unbeliebt machen wollen, sollten Sie sich bei jeder kleinen Zwistigkeit mit Kollegen persönlich getroffen zeigen, zum Chef oder zur Chefin rennen und um Hilfe bitten. Dünnhäuter sind lästig und werden nicht ernst genommen. Prima, das bringt Sie schnell in die Schublade der Verlierer.

Das Lästermaul

Der Flurfunk ist ebenfalls ganz gut geeignet, um sich relativ rasch ins Abseits zu stellen. Beteiligen Sie sich rege an Klatsch, Tratsch und Lästerei. Reden Sie viel über andere statt mit anderen. Und lassen Sie kein gutes Haar an Kollegen und Chefs. Lästermäuler gelten als illoyal. Man vertraut ihnen nicht. Und Tschüss!

Illoyalität wird bestraft.

Die Plaudertasche

Auf jeden Fall sollten Sie Ihren Kollegen und Chefs viel über sich, über Gott und die Welt erzählen. Langweilen Sie am besten bei jeder Gelegenheit mit ausufernden Details Ihres Privatlebens. Damit bieten Sie nicht nur jede Menge Angriffsfläche. Sie rauben anderen auch Zeit und Nerven. Plaudertaschen sind lästig und werden gemieden. Willkommen auf der Straße des Misserfolgs.

Schwätzer nerven.

Der Einzelkämpfer

Ein direkter Weg, sich schnell und nachhaltig zu isolieren, ist es, einfach keinen Kontakt zu Kollegen aufzubauen. Lassen Sie die anderen doch allein in die Kantine gehen und stellen Sie sich bloß nicht dazu, wenn am Morgen gemeinschaftlich ein Kaffee getrunken wird. Auch sollten Sie davon absehen, andere freundlich zu grüßen oder sich für Unterstützung zu bedanken. Als Einzelkämpfer stehen Sie schnell allein da, und Sie überleben nicht lange im Unternehmensdschungel.

Im Unternehmensdschungel überleben Einzelkämpfer nicht.

Der Negativkontakter

Je nachdem, wie Sie selbst gestrickt sind, werden Sie dazu neigen, sich mit dem einen oder anderen Kollegen besser oder weniger gut zu verstehen. Wenn Sie sich schnell den Ruf versauen möchten, sollten Sie sich besonders mit den Minimalisten, den Verlierern und den Lästermäulern im Unternehmen verbünden. Lassen Sie sich schnell mit den falschen Leuten ein. Gemeinsam sind Sie unausstehlich.

Sich mit den falschen Leuten verbünden heißt, gemeinsam untergehen.

Fragen Sie sich gerade, ob es wirklich Berufseinsteiger gibt, die sich so verhalten? Die zehn beschriebenen Einsteigertypen kommen in der Praxis tatsächlich vor! Sie ahnen es vermutlich schon: Um Ihre Berufslaufbahn erfolgreich zu starten, sollten Sie zu keinem der genannten Typen zählen.

Als junge Akademikerin oder als junger Akademiker dürften Sie einen möglichst guten Einstieg in den Beruf anstreben. Um Sie dabei zu unterstützen, habe ich die vier zentralen Themenfelder der Übergangsphase vom Studium in den Beruf analysiert und psychologische Gemeinsamkeiten der vielen möglichen Einstiegssituationen herausgearbeitet.

Egal, ob Sie als Maschinenbauingenieur in der Industrie, als Juristin im öffentlichen Dienst oder als Betriebswirtin in einem Dienstleistungsunternehmen ins Berufsleben starten. Einerlei, ob ein Direkteinstieg bei einem mittelständischen Unternehmen, ein Traineeprogramm in einem Konzern oder eine vorgezeichnete berufliche Laufbahn in der Verwaltung vor Ihnen liegt. Die vier zentralen Themen sind: Ihre eigene Persönlichkeit, die Chefs und Kollegen, Ihre Aufgabe und das Unternehmen, in dem Sie starten.

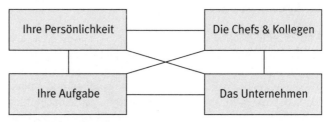

Die vier Themenfelder, die Sie bei Ihrem Berufseinstieg im Blick haben sollten

Überlegen Sie, worauf Sie am meisten Einfluss haben.

Welche Einflussmöglichkeiten haben Sie? Worauf sollten Sie achten? Und wovor müssen Sie sich hüten? Fangen wir bei Ihnen und damit bei Ihrer inneren Haltung an.

Ihre innere Haltung ist entscheidend

Es sind nicht die Dinge an sich, welche die Menschen in emotionale Verwirrung bringen, sondern die Art und Weise, wie sie diese Dinge sehen.
(Epiktet)

Den größten Einfluss haben Sie nicht etwa auf die Dinge selbst, etwa auf die Unternehmensstruktur, Ihre Aufgabe oder die Chefs und Kollegen. Den größten Einfluss haben Sie darauf, wie Sie die Dinge sehen. Wie sehen Sie die Dinge? Mit welcher inneren Haltung starten Sie in den Beruf?

Aus Ihrer Haltung entwickelt sich Ihr Verhalten, und Ihr Verhalten hat Konsequenzen für Ihren Erfolg oder Misserfolg. Vergleichen Sie die folgenden fünf Grundhaltungen. Finden Sie sich in einer der Beschreibungen wieder?

Ich weiß schon alles

Sie glauben, schon alles zu wissen und nun endlich die Praxis revolutionieren zu können. Sie haben auf Anhieb eine verantwortungsvolle Position angetreten, Ihre Ansprüche sind entsprechend hoch. Sie sehen überall Verbesserungs- und Handlungsbedarf. Aber seit Tagen stoßen Sie mit Ihren Vorschlägen zur Optimierung des Betriebsablaufs auf Ablehnung beim Chef und den Kollegen, die einfach nicht verstehen wollen, dass Sie besser wissen, wie der Laden laufen könnte.

Wenn Theorie auf Praxis trifft

Das Unternehmen erscheint Ihnen rückständig, die Kollegen verschlossen und die Chefs führungsschwach. Mit dieser Haltung begegnen Sie den Menschen und Aufgaben im Unternehmen. Ihr Verhalten wird entsprechend aussehen. In Meetings sind Sie vorlaut. Die langjährig erprobten *Best Practices* der Kollegen lehnen Sie ab. Anweisungen der Chefin stellen Sie infrage.

Achtung! Sie überschätzen sich und sind zu wenig selbstkritisch. Das Unternehmen hat auch ohne Sie ganz gut funktioniert. Ihr Verhalten wirkt auf andere überheblich und besserwisserisch. So gewinnen Sie keinen Blumentopf. Schauen Sie sehr aufmerksam zu, aber warten Sie mit Ihren Verbesserungsvorschlägen, bis Sie sich integriert, etabliert und positioniert haben.

Besserwisser sind Schlechtermacher. (Paul Hubschmid)

Dafür bin ich mir zu schade

Sie haben einen Masterabschluss, und bereits auf dem Weg dahin waren Ihnen die Betriebspraktika ein Graus. Als Praktikant mussten Sie so profane Dinge tun wie Akten kopieren, Briefe zur Post bringen oder Daten am PC auswerten. Das wird anders, haben Sie sich geschworen, wenn Sie erst Ihren Abschluss haben und in den Beruf einsteigen. Genau da sind Sie jetzt. Aber Sie sollen ein Thema im Internet recherchieren, Informationsmaterialien zusammenstellen und Mappen versenden. Sie sind ernüchtert und wissen, dass Sie dafür nicht studiert haben. Das soll doch die Tippse machen.

Mit dieser Haltung treffen Sie auf die Menschen und Aufgaben im Unternehmen. Ihr Verhalten sieht entsprechend aus. Sie agieren lustlos, unzuverlässig und Sie stöhnen, dass diese Aufgaben wohl eher etwas für Nichtakademiker seien.

Wer sich für zu wichtig hält für kleine Aufgaben, ist meistens zu klein für wichtige Aufgaben. (Jacques Tati)

Achtung: Mit kleinen Aufgaben können Sie unter Beweis stellen, dass Sie zuverlässig, verantwortungsbewusst und motiviert sind. Wer im Kleinen nachlässig handelt, wird das auch im Großen tun. Stellen Sie sich hinter jede noch so kleine Aufgabe und erledigen Sie diese, als ob es in dem Moment nichts Wichtigeres gibt. Sobald Sie gezeigt haben, dass Sie sich für keine Arbeit zu schade sind und auch einfache Aufgaben zuverlässig erledigen, können Sie einen Schritt weiter gehen.

Mein Spezialgebiet ist entscheidend

Sie sind der Überzeugung, dass Ihr Studienfach das wichtigste überhaupt ist. Vielleicht sind Sie Ingenieurin und für Sie zählen die technische Optimierung und die Zahl an Zusatzfunktionen eines Produktes, egal wie hoch die Kosten dafür sind. Vielleicht haben Sie auch Design studiert und legen deshalb den Fokus auf die äußere Erscheinung und die Ästhetik des Produktes, ungeachtet der Funktionen und der Kosten. Oder Sie sind Betriebswirt und sehen die Produktkosten im Vordergrund, auch wenn die Qualität, die Funktionalität oder die Ästhetik leidet. Und Sie sind der Meinung, dass im Unternehmen zu viel Wert auf verschiedene fachliche Aspekte gelegt wird.

Ihre Projektkollegen erscheinen Ihnen unwissend und Ihr Chef scheint sich zu verzetteln. Mit dieser Haltung treten Sie an, und Sie verhalten sich entsprechend engstirnig. In Gesprächen mit den Kollegen lassen Sie andere Meinungen nicht gelten. Ihr Denkmuster lautet *ja, aber ...!*

Das Ganze ist mehr als die Summe seiner Teile. (Aristoteles)

Achtung! Ihnen fehlt der Blick fürs Ganze. Sie sind mit Ihrem Fachgebiet ein Rädchen von sehr vielen Rädchen im Unternehmensgetriebe. Es kommt auf interdisziplinäre Zusammenarbeit und konstruktive Auseinandersetzung an. Das Produkt, an dem Sie mitarbeiten, soll das ganze Anforderungsspektrum des Kunden abdecken. Schauen Sie über den Tellerrand. Interessieren Sie sich unvoreingenommen für angrenzende Fachgebiete. Stellen Sie Fragen und hören Sie zu.

Ich weiß noch gar nichts

Sie haben das Gefühl, noch gar nichts zu wissen und fühlen sich entsprechend verloren. Sie spüren, dass Ihr theoretisch erworbenes Wissen in der Praxis eine wesentlich geringere Bedeutung hat als in der Hochschulwelt. Gleichzeitig erfahren Sie, dass viele Kompetenzen gefragt sind, die Sie im Studium nicht entwickelt haben. Und nun suchen Sie seit Tagen nach Orientierung und fühlen sich zunehmend verunsichert.

Die Unternehmenslandschaft wirkt bedrohlich auf Sie, die Kollegen feindlich und die Chefs autoritär. Mit dieser Haltung sind Sie in der Praxis handlungsunfähig. Am Arbeitsplatz sind Sie nur körperlich anwesend. Aufgaben übernehmen Sie nur zögerlich, und generell trauen Sie sich wenig zu.

Achtung! Sie unterschätzen sich und sind zu selbstkritisch. Das Unternehmen hat Sie eingestellt, weil Sie Kompetenzen und Know-how mitbringen. Mit Ihrem Verhalten wecken Sie bei anderen wenig Vertrauen. Da Sie sich selbst wenig zutrauen, trauen Ihnen auch die anderen wenig zu. Machen Sie sich bewusst, was Sie im Studium bereits geleistet haben. Machen Sie sich damit selbstbewusst. Fragen Sie bei Ihren Kollegen nach. Bringen Sie sich mehr ein. Und haben Sie keine Angst vor Fehlern! Fehler sind Lernchancen.

Warum hat Sie das Unternehmen eingestellt?

Ich übernehme die Fleißarbeiten

Trotz Ihres abgeschlossenen Studiums und erster Erfahrungen aus Praktika fehlt Ihnen eine konkrete Vorstellung davon, welche Aufgaben für Sie angemessen sind. Sie befürchten, große Aufgaben nicht bewältigen zu können. Deshalb sind Sie ganz froh, dass Sie Ihr Chef, Ihre Kollegen und auch die Auszubildende in der Abteilung jeden Tag mit kleinen Aufträgen versorgen. Sie fühlen sich wohl dabei, die Akten im Archiv einzuordnen und Daten in die Datenbank einzugeben.

Sie denken sich auch noch nach fünf Monaten nicht viel dabei, dass Sie immer noch die gleiche einfache Arbeit erledigen. *Wird schon okay sein, dass ich hier jeden Scheiß machen muss*, ist das Einzige, was Ihnen durch den Kopf geht. Mit dieser Haltung treffen Sie auf die Menschen und Aufgaben im Unternehmen. Entsprechend verhalten Sie sich angepasst, Befehle ausführend und wenig an Herausforderungen interessiert. Sie übernehmen jede Fleißarbeit, und sei sie noch so stupide.

Achtung! Wer sich zu lange und zu oft mit Fleißaufgaben beschäftigt, hat keine Zeit und keine Kraft mehr für die wirklich wichtigen Arbeiten. Übernehmen Sie am Anfang durchaus auch einfache Aufgaben. Verpassen Sie jedoch nicht den Zeitpunkt, an dem Sie Verantwortung für wichtigere Aufgaben übernehmen sollten.

Unterscheiden Sie zwischen Fleißaufgaben und wichtigen Aufgaben.

In der Praxis zählt die goldene Mitte. Die richtige Selbsteinschätzung liegt zwischen *Ich weiß schon alles* und *Ich weiß noch gar nichts*, zwischen *Dafür bin ich mir zu schade* und *Ich muss wohl jeden Scheiß machen*. Und zwischen Fachgebieten und Kollegen werden Kompromisse geschlossen.

20 % der Aufgaben, Situationen und Personen werden Sie hassen.

Mit 60 % der Aufgaben, Situationen und Personen werden Sie routiniert und gut umgehen.

20 % der Aufgaben, Situationen und Personen werden Sie lieben.

Die Realität in der Praxis: Es ist nicht alles nur toll.

Als Berufseinsteiger oder Berufseinsteigerin sind Sie gefordert, eine innere Haltung gegenüber den Personen, den Situationen und den Aufgaben in Ihrem neuen Umfeld zu entwickeln. Außerdem brauchen Sie eine innere Haltung zu Ihrer neuen Rolle und zu den Erwartungen anderer an Sie.

Beim Übergang vom Studium in den Beruf wechseln Sie Ihre Rolle: Sie sind jetzt kein Student mehr!

Die anderen wollen, dass Sie sich freuen, gerade in diesem Unternehmen zu arbeiten, dass Sie motiviert, einsatzbereit, belastbar und flexibel sind. Sie sollen teamfähig sein, erst einmal zuhören, sich anpassen, unterstützen und zuverlässig arbeiten. Mit Kritikfähigkeit und hohen Ansprüchen an die eigene Leistung sollen Sie sich offen auf unterschiedliche Personen und Situationen einstellen. Von Ihnen als Neuzugang wird erwartet, dass Sie wirklich in diesem Unternehmen arbeiten wollen, dass Sie Ihre Aufgaben erfüllen können und dass Sie als Mensch ins Unternehmen passen.

Die Kollegen und Chefs haben Erwartungen an Sie.

Sie sind der Neuling aus dem Studium. Und da Menschen Neuem gegenüber generell mit Vorurteilen begegnen, können Sie sich darauf einstellen, von Ihren Kollegen und Chefs taxiert und eingeschätzt zu werden. Im günstigsten Fall gelten Sie einfach als unerfahren. Im schlimmsten Fall werden Sie als realitätsfremder Grünschnabel abgestempelt.

Zeigen Sie, dass von Ihnen Gutes ausgeht. Signalisieren Sie, dass Sie ein *Hands-on*-Typ sind, dass Sie die Ärmel hochkrempeln und Aufgaben anpacken können. Übernehmen Sie Verantwortung. Bringen Sie sich ein. Erzielen Sie früh kleine

Erfolge, zum Beispiel mit einer gelungenen Präsentation oder einer guten Kundenberatung, einem ordentlichen Protokoll oder einer termingerecht abgeschlossenen Kalkulation.

Aufgabe 1: Bereiten Sie sich mental auf Ihre neue Rolle in der neuen Situation vor. Führen Sie sich die Rollenerwartungen der neuen Kollegen und Chefs vor Augen.

Kennen Sie den zentralen Unterschied zwischen Studium und Beruf? Lernen Sie das magische Dreieck kennen.

Das magische Dreieck

An der Hochschule arbeiteten Sie auf Note: *Schreib 4, bleib hier* und auf Verständnis: *Was die Welt im Innersten zusammenhält.* In Unternehmen arbeiten Sie auf Termin: *Erledigen Sie die Aufgabe am besten sofort,* auf Kosten: *Darf aber nichts kosten* und auf Qualität: *Der Kunde muss zufrieden sein oder zumindest nicht merken, dass er Grund zur Unzufriedenheit hat.*

Kosten

Unternehmensziel
Gewinnmaximierung

Zeit   **Qualität**

Das magische Dreieck: Zeit, Geld und Qualität

Hochschulen betreiben Wissenschaft und Lehre, Unternehmen verdienen Geld. In der Wissenschaft wird geforscht, in der Wirtschaft wird verkauft. Produkte. Und wenn es wirtschaftlich sinnvoll ist, auch die Ideale. Unternehmenserfolg definiert sich über Gewinn, nicht über wissenschaftliche Meriten. Daraus ergibt sich der zentrale Unterschied zwischen Studium und Beruf. Als Karrierestarter sollten Sie diesen Aspekt rechtzeitig erkennen.

Je stärker Sie sich in den Unternehmenserfolg einbringen und Karriere machen wollen, desto früher sollten Sie sich überlegen, wie Sie zur Gewinnmaximierung stehen. Reflektieren Sie, ob Sie bewusst in einem gewinnorientierten oder einem gemeinnützigen Unternehmen angeheuert haben.

Unterscheiden Sie zwischen gewinnorientierten und gemeinnützigen Unternehmen.

In gemeinnützigen sozialen, kulturellen oder wissenschaftlichen Organisationen stehen die Ziele nicht unter dem Diktat der Gewinnmaximierung. Als Berufseinsteiger entscheiden Sie sich aufgrund Ihrer Gesinnung und Ihrer Werte mehr oder weniger bewusst für ein solches Unternehmen, beispielsweise für eine Regierungsorganisation, eine kirchliche Einrichtung, einen Verband, einen Verein oder eine Stiftung. Deshalb haben Sie per se eine höhere Identifikation mit den Zielen und Werten Ihrer Organisation.

Starten Sie Ihre berufliche Laufbahn dagegen in der freien Wirtschaft, wo das nächste Aktien-Allzeithoch im Zentrum steht, sollten Sie sich fragen, für welche Themen, Produkte oder Dienstleistungen Sie bereit sind, Ihre Arbeitskraft einzusetzen. Mit welchen Branchen und Unternehmen können Sie sich identifizieren? Diese Frage ist nicht trivial: Als Vegetarier werden Sie kaum in einem Großschlachthof Karriere machen (wollen), als Umweltschützerin kaum in der Atomenergieindustrie und als Pazifist kaum in der Rüstungsindustrie.

Unterscheiden Sie zwischen einer Managementkarriere und einer Fachkarriere.

Prüfen Sie auch, was Karriere für Sie bedeutet. Möchten Sie möglichst viel Einfluss, Macht und Gestaltungsspielraum, egal in welcher Branche und in welchem Unternehmen? Dann sind Sie in einer Managementkarriere gut aufgehoben, wo Sie innerhalb einer Unternehmenshierarchie vertikal aufsteigen können. Oder streben Sie eher an, sich in Ihrem Fachgebiet zu einem anerkannten Experten für ein bestimmtes Spezialgebiet zu entwickeln? Dann sollten Sie den Weg einer Fachkarriere einschlagen.

Unterscheiden Sie zwischen strukturierten und weniger strukturierten Karrierewegen.

Beide Karrierewege, die Management- und die Fachkarriere, sind sowohl in gewinnorientierten als auch in gemeinnützigen Organisationen möglich. Je nach Unternehmensform gibt es jedoch Unterschiede im Strukturierungsgrad der beruflichen Laufbahn und in der Karrieregeschwindigkeit. Dazu lesen Sie im nächsten Kapitel mehr.

Prüfen Sie frühzeitig, ob das Unternehmensziel Ihres ersten Arbeitgebers mit Ihren eigenen Werten vereinbar ist. Und überlegen Sie, wie Sie mit Differenzen umgehen wollen.

Aber zurück zum Anfang. Die erste Arbeitswoche steht bevor und mit ihr der Einstieg ins Geschehen.

DIE ERSTE ARBEITSWOCHE

Die erste Arbeitswoche ist anstrengend. Lange Arbeitstage. Alles neu. Unruhiger Schlaf. Neuer Tagesrhythmus. Sind Sie dafür gut gerüstet? Im zweiten Kapitel lesen Sie, wie Sie sich auf die Herausforderungen der ersten Arbeitswoche vorbereiten können. Sie erfahren etwas über die Besonderheiten verschiedener Berufseinstiegsformen und lernen die Stellenbeschreibung als erstes Orientierungsinstrument kennen.

Klären Sie auf den folgenden Seiten die drei Fragen:
1. Wie sicher fühle ich mich vor meinem ersten Arbeitstag?
2. Gibt es einen Einarbeitungsplan für mich?
3. Was ist meine Aufgabe?

Das Überlebensprogramm

Unternehmen funktionieren anders als Hochschulen. Es herrschen andere Regeln, beispielsweise eine mehr oder weniger strikte Arbeitszeitregelung und damit ein völlig anderer Tagesrhythmus als im Studium. Eine formelle oder informelle Kleiderordnung. Ein neuer Umgangston mit Chefs, Kollegen und Kunden. Eine veränderte Arbeitsweise. Und viele unterschiedliche, offene oder verdeckte Erwartungen.

Dies alles spüren Sie ab dem ersten Arbeitstag. Denn diese Neuerungen berühren Ihre Primärbedürfnisse schlafen, essen, trinken, sich bewegen und Freunde treffen. Sie werden Ihr Privatleben um eine Vierzigstundenwoche herum organisieren müssen. Ihre Arbeit bestimmt, wann Sie einkaufen, wann Sie schlafen gehen und wann Sie Ihre Freunde anrufen. Anders als an der Hochschule, wo Sie im Hörsaal oft in sich gekehrt zuhören, stehen Sie im Unternehmen im direkten Kontakt mit Menschen, die etwas von Ihnen wollen. Sie können nicht einfach mal innehalten, sondern müssen aufmerksam und konzentriert bleiben. Den ganzen Tag. Das Überleben im Unternehmen beginnt.

> Achten Sie auf Ihre Primärbedürfnisse: schlafen, essen, trinken, sich bewegen und Freunde treffen.

Der biologische Hintergrund

Die ersten Arbeitstage sind nicht ohne. Sie kennen noch niemanden, und niemand kennt Sie. Sie sind noch ein Fremder, und alles ist Ihnen noch fremd. Sie gehören noch nicht dazu. Das löst Angst aus. Bei Ihnen und bei den Kollegen und Chefs.

Der Wahrnehmungsapparat läuft auf Hochtouren. Die Nebennierenrinde schießt die Stresshormone Adrenalin und Cortisol ins Blut, und der Körper konzentriert sich darauf, innerhalb von Millisekunden Gefahren erkennen und darauf reagieren zu können.

Dieses stammhirngesteuerte Überlebensprogramm ist im Menschen seit Tausenden von Jahren angelegt. Durch den Orientierungsreflex richten Sie Ihre Aufmerksamkeit automatisch auf alles, was sich bewegt. Und unbewusst ordnen Sie das, was Sie wahrnehmen, sofort zwischen den Extremen *gut* oder *böse*, *stark* oder *schwach* und *aktiv* oder *passiv* ein. Das geht ganz schnell hin und her: *Kann mir gefährlich werden, kann mir nicht gefährlich werden, kann mir gefährlich werden, kann mir nicht gefährlich werden.*

Erkennen Sie etwa in einem Kollegen einen aggressiven Menschen, der Ihnen schaden kann und will, reagieren Sie automatisch mit dem Notfallreaktionsmuster *Angriff*, *Flucht* oder *Totstellreflex*. Das rettet Ihnen das Leben.

Dieses Überlebensprogramm funktioniert heute, im 21. Jahrhundert, noch genauso wie zu Urwaldzeiten. Im Büro schlagen Sie einen potenziellen Angreifer zwar nicht mehr, in der Regel ergreifen Sie auch nicht sofort die Flucht und Sie stellen sich nicht tot. Heute kanalisieren Sie das Überlebensprogramm *Gefahr schnell erkennen und sofort reagieren*, indem Sie sich ein Vorurteil bilden. Mit diesem Vorurteil treffen Sie fortan auf Ihr Gegenüber. Sie schützen sich vor Gefahren, indem Sie zum Beispiel darauf achten, was Sie wem erzählen, wem Sie wann aus dem Weg gehen oder mit wem Sie sich wann verbünden. Bei näherem Kennenlernen verstärkt sich Ihr Ersteindruck und aus einem Vorurteil wird ein gefestigtes Urteil. Oder aber Sie bauen das Vorurteil ab und lernen Ihr Gegenüber von einer anderen Seite kennen.

Nutzen Sie dieses biologische Erbe bewusst als Radar, um sich ein erstes Gefühl für die Personen in Ihrer neuen Umgebung zu verschaffen. Denn an den ersten Arbeitstagen beginnt Ihr Überleben oder Sterben im Unternehmen. Für den ersten Einstieg gibt es keine zweite Chance.

Das Notfallreaktionsmuster: Angriff, Flucht oder Totstellreflex

Es gibt kein zweites erstes Mal. Sie steigen nur einmal das erste Mal in Ihr Berufsleben ein.

Aufgabe 2: Schreiben Sie zu jeder Person, die Sie kennenlernen, auf, was Ihr erster Impuls war: *gut* oder *böse*, *stark* oder *schwach*, *aktiv* oder *passiv*?

18

Die Vorbereitung

Existiert ein Einarbeitungsplan für Sie? Nicht jedes Unternehmen setzt effiziente Instrumente ein, um neue Mitarbeiter zu begrüßen, einzuarbeiten und zu integrieren. Die Realität ist manchmal ernüchternd: Erster Arbeitstag. Keiner erwartet Sie. Ihr Chef ist auf Dienstreise. Ein Büro ist für Sie nicht vorbereitet. Die Kollegen haben viel zu tun. Keiner kümmert sich um Sie. Sie stehen da und denken: *Na klasse, bin ich hier überhaupt erwünscht?* Um dem vorzubeugen, sollten Sie im Vorfeld mit der Personalabteilung und Ihrem direkten Abteilungschef telefonieren und nachfragen, was für Ihren ersten Arbeitstag und für die erste Arbeitswoche geplant ist.

Gibt es einen Einarbeitungsplan für Sie?

> **Aufgabe 3:** Was wissen Sie bereits über Ihren Arbeitgeber und Ihre Einarbeitung, und was wollen Sie bis zum Ende der ersten Arbeitswoche erreicht haben? Setzen Sie sich ein Ziel. Das hilft Ihnen, einen klaren Kopf zu bewahren.

Clevere Unternehmen haben ein Interesse daran, neue Mitarbeiter professionell einzuarbeiten. Denn je schneller Sie produktiv arbeiten, desto besser für das Unternehmen. Konzerne und innovative Mittelständler halten für ihre Berufseinsteiger deshalb einen strukturierten Einarbeitungsplan mit Begrüßungsprozedur parat. Damit bieten sie neuen Mitarbeitern Orientierung und Sicherheit in einer völlig neuen Situation. Die bekannteste Begrüßungsprozedur ist der Laufzettel, den Neulinge mit einem Begrüßungsschreiben vor ihrem ersten Arbeitstag erhalten: *Sehr geehrter Herr Muster, wir freuen uns, Sie am 1. September um 8.00 Uhr zu Ihrem ersten Arbeitstag in unserem Unternehmen am Standort Hannover begrüßen zu dürfen. Anbei finden Sie einen Laufzettel mit allen Stationen für Ihren ersten Arbeitstag. ...*

Was erwartet Sie am ersten Arbeitstag?

Dem Begrüßungsschreiben kann ein Willkommenspaket beiliegen mit Informationen über den Ablauf der ersten Arbeitswoche, Ansprechpartner und Unternehmensrichtlinien, vielleicht sogar einem T-Shirt und einer Kaffeetasse mit Unternehmenslogo, ein Firmenhandy, Kugelschreiber, eine DVD mit einer Unternehmenspräsentation und vieles mehr.

Manche Arbeitgeber beginnen mit einer Art Schnitzeljagd durch das Unternehmen. Dazu erhalten die Neuen Karten mit Aufgaben, die sie in den ersten Arbeitstagen erledigen sollen,

19

zum Beispiel: *Gehen Sie in die Abteilung Werkschutz und besorgen Sie sich einen Chip für die Eingangstür. Lassen Sie sich in der IT-Abteilung die Zugangsdaten für Ihren Rechner geben. Informieren Sie sich beim betriebsärztlichen Dienst über unsere Gesundheitsregeln.*

Neue Mitarbeiter werden so ermutigt, sich durchzufragen und damit das Unternehmen und die neuen Kollegen kennenzulernen. Um eine schnelle und gute Einarbeitung zu gewährleisten, nutzen viele Unternehmen ein Mentorenprogramm. Dabei steht dem Neuen ein Mentor zur Seite, der für die Einarbeitungskoordination und die geplanten Einarbeitungsschritte verantwortlich ist. Der Mentor hält in der Regel engen Kontakt zur Personalabteilung, die gemeinsam mit der Fachabteilung die Themen und Reihenfolge der Einarbeitung, die Aufgaben, Ziele und den Zeitrahmen festgelegt hat.

Gibt es in Ihrem Unternehmen ein Mentorenprogramm für Berufseinsteiger?

Je besser Sie sich auf Ihren beruflichen Einstieg vorbereiten, desto gelassener werden Sie durch die erste Arbeitswoche gehen. Nutzen Sie dafür die folgende Checkliste.

---

12 Punkte für Ihre Vorbereitung auf die erste Arbeitswoche

☐ Ich habe Arbeitsvertrag, Sozialversicherung, Lohnsteuerkarte usw. vorbereitet.

☐ Ich habe ausreichend angemessene Business-Kleidung gekauft, Probe getragen, gewaschen und gebügelt.

☐ Ich habe angemessene Accessoires wie Arbeitstasche, Schreibutensilien oder Uhr gekauft und ausprobiert.

☐ Ich habe den Weg zur Arbeit mit dem Auto (dem Fahrrad/zu Fuß/mit öffentlichen Verkehrsmitteln) zurückgelegt und die Zeit gestoppt.

☐ Ich habe meine Vorstellung und Selbstpräsentation vorbereitet und geübt: *Guten Tag, mein Name ist Michael Muster, ich bin ..., ich kann ..., ich will ...*

☐ Ich habe dafür gesorgt, dass ich in der ersten Arbeitswoche keine zusätzlichen belastenden Termine habe.

☐ Ich habe dafür gesorgt, dass mein Kühlschrank gefüllt ist, weil ich nicht viel Zeit haben werde, einzukaufen.

☐ Ich habe meinen Freunden und Verwandten Bescheid gegeben, ab wann ich privat wo erreichbar bin.

☐ Ich habe für kleine Belohnungseinheiten gesorgt: Nach den anstrengenden Arbeitstagen werde ich etwas unternehmen, das mir Spaß macht und Kraft gibt.

☐ Ich habe mir das Wochenende nach der ersten Arbeitswoche frei gehalten.

☐ Ich habe alle für mich zugänglichen Unternehmensinformationen gewissenhaft durchgearbeitet und daher eine erste Orientierung, was mich erwartet.

☐ Ich weiß, an welchem Tag und zu welcher Uhrzeit ich mich wo einzufinden habe und wer mich in Empfang nimmt.

Umgang mit Unsicherheit

Auch wenn Sie sich sehr gut auf Ihren beruflichen Einstieg vorbereiten, bleibt erfahrungsgemäß eine Restunsicherheit bestehen. Das ist ganz normal, denn unbekannte Situationen sind riskant und somit verunsichernd.

Wie gut können Sie mit unvorhergesehenen Vorkommnissen umgehen?

Schulen Sie deshalb Ihre Ungewissheitstoleranz und damit die Fähigkeit, mit unvorhergesehenen Vorkommnissen und uneindeutigen Situationen konstruktiv umzugehen. Nutzen Sie dazu den folgenden Sieben-Punkte-Plan und führen Sie ein Mentaltraining durch.

The physical creation always follows the mental creation.
(Steven R. Covey)

Sportler machen das vor Wettkämpfen, Schauspieler vor ihren Auftritten und Topmanager vor wichtigen Verhandlungen. Und Sie können das auch. Spielen Sie jede neue Herausforderung im Geiste durch. Die Kraft Ihrer Gedanken wird Sie überraschen.

What your mind can believe – you can achieve.
(unbekannter Autor)

7-Punkte-Plan für Ihr Mentaltraining

1. Nutzen Sie die Macht innerer Bilder. Spielen Sie den ersten Arbeitstag vor Ihrem inneren Auge wieder und wieder durch. Wann gehen Sie am Vorabend zu Bett? Wann stehen Sie auf? Was frühstücken Sie? Was ziehen Sie an? Wie stellen Sie eine pünktliche Ankunft sicher? Wo werden Sie sich zuerst melden? Bei wem stellen Sie sich vor? Wie wird der Tag verlaufen?
2. Ersetzen Sie Angstbilder, zum Beispiel: *Mir bleibt bei der Vorstellung die Stimme weg* durch positive Bilder: *Ich stelle mich bei Kollegen ruhig und sicher vor.*
3. Machen Sie eine Risikoanalyse. Was kann Ihnen am ersten Arbeitstag und in der ersten Arbeitswoche schlimmstenfalls passieren? Und dann bewerten Sie, wie wahrscheinlich es ist, dass gerade Ihnen das passieren sollte.
4. Setzen Sie hilfreiche Gedanken ein, zum Beispiel: *Ich habe mich gut vorbereitet, Ich habe einiges zu bieten.* Rufen Sie sich Ihre Leistungen und Erfolge aus der Vergangenheit in Erinnerung. Das stärkt Ihr Selbstbewusstsein.
5. Denken Sie daran, dass auch die andere Seite angespannt ist. Ihr Berufseinstieg ist sowohl für Sie als auch für die Mitarbeiter im Unternehmen eine Herausforderung.
6. Schreiben Sie Ihre Ängste auf. So können Sie mit etwas Abstand eine realistischere Einschätzung der Situation und Ihrer Person entwickeln.
7. Lösen Sie Ihre Anspannung durch regelmäßiges Entspannungstraining, Sport und ausreichend Schlaf.

Je nachdem, welchen Beruf Sie gewählt haben, werden Sie entweder auf einer vorgezeichneten beruflichen Laufbahn, in einem Traineeprogramm oder direkt auf einer Planstelle ins Berufsleben starten. Wissen Sie, was Sie jeweils erwartet?

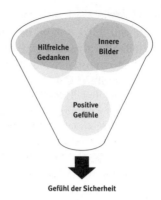

Gefühl der Sicherheit

Stärken Sie Ihre Ungewissheitstoleranz durch Mentaltraining

Direkteinstieg oder Trainee

Wie gut fühlen Sie sich durch Ihr Studium auf die Berufspraxis vorbereitet? Mit Ihrem Studienabschluss haben Sie eine fundierte theoretische Ausbildung und eine hohe Kompetenzstufe erreicht. Bislang haben Sie bewiesen, dass Sie ein Problem theoretisch durchdringen können. Verwechseln Sie das aber nicht mit der für die Praxis nötigen Betriebsreife. Im Unternehmen geht es darum, theoretisches Potenzial in die Praxis umzusetzen. Betriebsreif sind Sie erst, wenn Sie theoretisches Wissen in praktische Erfolge verwandeln können.

Unternehmen wissen, dass es nicht einfach ist, vom guten Studenten zum guten Arbeitnehmer zu werden. Der Übergang vom Studium in den Beruf ist eine Zäsur und eine Herausforderung. Deshalb gibt es für verschiedene Berufsgruppen spezifische Berufseinstiegsformen, beispielsweise die vorgezeichnete berufliche Laufbahn für Juristen, Mediziner, Journalisten oder Lehrer, das Traineeprogramm als betriebliche Ausbildung in der Wirtschaft und den Direkteinstieg auf einer Planstelle im Unternehmen.

Die vorgezeichnete Laufbahn

Wenn Sie einen Beruf mit vorgezeichneter Laufbahn gewählt haben, erwartet Sie ein festgelegtes Einarbeitungsprogramm. Vergleichbar mit einem Zug auf Schienen, erreichen Sie Station für Station, bis Sie alles verantwortlich beherr-

Wer aus theoretischem Wissen praktische Erfolge machen kann, ist betriebsreif.

Vorgezeichnete Berufslaufbahnen finden Sie vor allem im öffentlichen Dienst, in der Verwaltung oder beim Militär.

schen. Der hohe Strukturierungsgrad erklärt sich, wenn Sie die typischen Laufbahnberufe, zum Beispiel bei der Polizei, beim Militär oder den Kirchen, in der Rechtssprechung oder im Bildungswesen anschauen: Es sind Berufe, die im Interesse der Öffentlichkeit stehen.

Bei dieser beruflichen Einstiegsform gibt es wenig Gestaltungsspielraum für Ihre Karriere. Das macht es für Sie zunächst einmal einfacher. Dennoch sollten Sie die vier zentralen Themenfelder – Ihre Persönlichkeit, Ihre Aufgaben, die Chefs und Kollegen sowie das Unternehmen – im Blick haben. Dann können Sie die größten Fettnäpfe sicher umgehen.

Das Traineeprogramm

Als Trainee durchlaufen Sie eine sechs bis 24 Monate dauernde betriebliche Ausbildung. Dabei lernen Sie zunächst alle Bereiche Ihres Unternehmens kennen. Sie arbeiten noch weitgehend *off the job,* das heißt, Sie stehen noch nicht in der vollen Verantwortung für Ihr Tun und haben noch einen Ausbildungsstatus, den Rest Ihres Welpenschutzes. Im besten Fall erhalten Sie jedoch bereits die Möglichkeit, an konkreten Aufgaben teilverantwortlich mitzuarbeiten und Ihre Ergebnisse zu präsentieren.

> Konzerne und große Unternehmen bieten Traineeprogramme für ihren Nachwuchs an.

Traineeprogramme werden oft als Nachwuchsförderung im Unternehmen und zum Aufbau des Führungsnachwuchses installiert. Sie sind zwar strukturiert, bieten jedoch im Vergleich zu den Laufbahnberufen deutlich mehr Gestaltungsmöglichkeiten. Als Trainee durchlaufen Sie in der Regel vier Phasen: die Einführungsphase, in der Sie die Organisation erkunden und Ihre Netzwerke bilden; die Qualifizierungsphase, in der Sie sich Unternehmens-Know-how, Fach-Know-how und Methoden-Know-how aneignen; den Auslandsaufenthalt, während dessen Sie interkulturelle Erfahrung sammeln und Fremdsprachen lernen, und schließlich die Spezialisierungsphase als Hinführung zu Ihrer späteren Position auf einer Planstelle im Unternehmen.

Der Direkteinstieg

Als Direkteinsteiger übernehmen Sie eine Planstelle und damit auch sofort die volle Verantwortung für Ihr Tun. Die Einarbeitung findet mehr oder weniger intensiv und professionell *on the job,* das heißt am Arbeitsplatz statt. Von jetzt auf

> In kleinen und mittelständischen Unternehmen werden Berufseinsteiger häufig direkt auf einer Planstelle eingesetzt.

gleich übernehmen Sie ein Fachgebiet, ein Projekt oder sogar ein Team. Sie setzen Ihre Arbeitszeit, Arbeitsmittel und eventuell auch Mitarbeiter nach ihren Stärken und Schwächen ein. Sie wickeln Aufträge termingerecht ab. Sie sind ein funktionierendes Rad im betrieblichen Getriebe. In guten Unternehmen haben Sie einen strukturierten Einarbeitungsplan und einen Mentor, der Sie in der Einarbeitungsphase begleitet. In schlechten Unternehmen werden Sie allein gelassen.

Aus der Praxis
Immer wieder höre ich von Direkteinsteigern, dass die Einarbeitung vonseiten des Unternehmens katastrophal ist. Vom ersten Tag an werden Resultate erwartet. Weder Vorgesetzter noch Kollegen geben Hilfestellung. Manche Chefs meinen lapidar, dass aller Anfang schwer sei und dass jeder Neue da durchmüsse.
Das ist Blödsinn. Wenn Unternehmen Berufseinsteiger direkt auf eine Planstelle setzen, sollten sie sie auch professionell einarbeiten. Denn je schneller ein Mitarbeiter produktiv arbeiten kann, desto besser für beide Seiten. Fordern Sie eine strukturierte Einarbeitung ein!

Alle Einstiegsformen können eine Eintrittskarte für eine Managementkarriere oder eine Fachkarriere in einer gewinnorientierten oder gemeinnützigen Organisation sein. Für die Planung Ihrer Karriere ist es deshalb wichtig, dass Sie Ihre persönlichen Ziele definieren, zum Beispiel: *Wie schnell will ich wohin? Wie viel Struktur brauche ich?* Haben Sie Ihren ersten Arbeitgeber entsprechend klug gewählt?

Wie schnell wollen Sie beruflich vorankommen?

Verschaffen Sie sich im nächsten Kapitel Orientierung über Ihre Aufgaben. Wofür wurden Sie eingestellt? Was haben Sie im Vorstellungsgespräch mit Ihrem neuen Arbeitgeber besprochen, was im Arbeitsvertrag verhandelt und wie sieht Ihre Stellenbeschreibung aus? Existiert überhaupt eine Stellenbeschreibung?

Ihre Aufgaben

Viele Unternehmen bilden in personenneutralen Stellenbeschreibungen ab, auf welcher Position im Unternehmen welche Aufgaben zu erledigen sind.

Eine Stellenbeschreibung beinhaltet Ziele, Aufgaben, Tätigkeitsmerkmale, Kompetenz- und Verantwortungsbereiche sowie die Beziehungen zu anderen Stellen in der Abteilung und im Unternehmen und damit die Einordnung der Stelle in die betriebliche Hierarchie und Entgeltgruppe. Außerdem werden darin Anhaltspunkte zur Leistungserwartung beschrieben, die Ihrem Chef und Ihnen eine objektive Grundlage für die spätere Leistungsbeurteilung bieten.

In vielen Unternehmen sind Stellenbeschreibungen Bestandteil des Arbeitsvertrags. Wie ist das bei Ihnen? Sollte es in Ihrem Unternehmen keine Dokumentation für Ihre Position geben, können Sie aktiv werden. Fertigen Sie sich selbst eine Beschreibung Ihrer Stelle an.

Wissen Sie, welche Aufgaben Sie zu erledigen haben?

Schauen Sie sich dazu das folgende Muster einer klassischen Stellenbeschreibung an. Lesen Sie in Ihrem Arbeitsvertrag nach, welche Details bereits definiert sind. Und suchen Sie das Gespräch mit Ihrem Chef, um nach weiteren Einzelheiten Ihrer Aufgaben zu fragen.

Mit der Konkretisierung Ihrer Stellenanforderungen schaffen Sie sich ein erstes Orientierungsinstrument für Ihren Berufseinstieg. Der Grundriss Ihrer Stelle gibt Ihrer Tätigkeit eine Struktur. Ohne das Bewusstsein, wofür Sie eigentlich eingestellt wurden, agieren Sie im grenzenlosen Raum.

Und das ist zum einen für Sie schwierig, weil Sie keinen Überblick darüber haben, was Sie können und leisten müssen. Zum anderen ist es aber auch für Ihren Chef schwierig, weil er keine Grundlage für die Bewertung Ihrer Arbeit hat. Sinnvoll ist es, am Anfang zu klären, was am Ende rauskommen soll, damit man prüfen kann, ob man das, was man wollte oder sollte, auch erreicht hat.

Wenn Sie wissen, was Sie erreichen wollten, können Sie prüfen, ob Sie es auch erreicht haben.

Bislang haben Sie etwas über Ihre innere Haltung, die Realität in Unternehmen und die Vorbereitung auf die erste Arbeitswoche erfahren. Im ersten Crashkurs können Sie nun Ihre Wirkung auf andere testen und Ihre Selbstdarstellungsfähigkeit trainieren. Eine positive Wirkung auf andere ist für Ihren beruflichen Erfolg unerlässlich.

Stellenbeschreibung (Muster)	
1. Stellenbezeichnung:	

2. Beschäftigungsumfang (Std./Woche):	3. Arbeitszeit:
	☐ Frühdienst von … bis …
	☐ A-Dienst von … bis …
	☐ Z-Dienst von … bis …
	☐ Spätdienst von … bis …
	☐ Flexibler Dienst
	von … bis …
	☐ Wochenenddienst von … bis …
	☐ Bereitschaftsdienst von … bis …

4. Ziel der Stelle:

5. Stellenbezeichnung des direkten Vorgesetzten:

6. Der Stelleninhaber vertritt:	7. Der Stelleninhaber wird vertreten von:

8. Spezielle Vollmachten und Berechtigungen des Stelleninhabers:

☐ Bankvollmacht   ☐ …   ☐ …   ☐ …

9. Informationspflicht Stelleninhaber (wo muss sich der Stelleninhaber worüber informieren?):	10. Informationsbedarf Stelleninhaber (wer muss den Stelleninhaber worüber informieren?):

11. Verwendete Arbeitsmittel:	12. Teilnahme/Mitwirkung an:
	☐ Teambesprechungen
	☐ Teamsupervision
	☐ Projekt XYZ …
	☐ Sonstiges …

13. Beschreibung der Tätigkeiten, die der Stelleninhaber selbstständig durchzuführen hat. Aufführung in der Reihenfolge der Wichtigkeit, mit zeitlicher Gewichtung in Prozent:

Datum   Unterschrift Leitung   Unterschrift Stelleninhaber

CRASHKURS: SELBSTDARSTELLUNG

Die Fähigkeit, sich selbstbewusst zu präsentieren, ist nicht die wichtigste Karrierekompetenz. Aber einmal im Unternehmen angekommen, werden Sie unmittelbar mit anderen Menschen zusammentreffen und sich darstellen müssen, ob Sie wollen oder nicht. Gerade beim Berufseinstieg ist die Fähigkeit, sich selbst überzeugend zu präsentieren, entscheidend, denn Sie begegnen jedem neuen Kollegen oder Chef nur einmal das erste Mal. Und für den ersten Eindruck gibt es bekanntlich keine zweite Chance. Eine gute Selbstdarstellung kann Türen öffnen und ist deshalb für Ihren beruflichen Erfolg wichtig.

Menschen, die gelernt haben, sich selbstbewusst und aussagekräftig darzustellen, überzeugen andere und hinterlassen einen guten Eindruck. Ihnen fällt es leichter, etwas zu bewirken, mit anderen zu kommunizieren und Netzwerke aufzubauen. Wer gut arbeitet und darüber redet, kann auf sich aufmerksam machen. Wem es dagegen schwerfällt, selbstsicher aufzutreten, wird Probleme haben, andere zu überzeugen. Wie steht es um Ihre Selbstdarstellungsfähigkeit? Testen und trainieren Sie Ihre Wirkung auf andere.

> Für den ersten Eindruck gibt es keine zweite Chance.

Ihre Wirkung auf andere

Die folgenden zehn Fragen sollen Ihnen helfen, Ihre Selbstdarstellungsfähigkeit einzuschätzen. Nehmen Sie Ihr Ergebnis als Anregung und als Grundlage für weitere Überlegungen. Bei der Beantwortung der Fragen gibt es keine richtigen oder falschen Antworten. Überlegen Sie daher nicht, welche Antwort den besten Eindruck machen könnte. Kreuzen Sie spontan das an, was Ihrer Einstellung und Empfindung entspricht. Sie profitieren am meisten von dem Test, wenn Sie die Fragen ehrlich beantworten.

Nach der Auswertung klären Sie: Wie haben Sie sich selbst eingeschätzt? Verfügen Sie über eine eher stark ausgeprägte Selbstdarstellungsfähigkeit? Dann heißt es: Achtung! Überschätzen Sie sich nicht und übertreiben Sie nicht. Für Berufseinsteiger oder Berufseinsteigerinnen mit einer eher schwach ausgeprägten Selbstdarstellungsfähigkeit lautet die Aufgabe dagegen, sich nicht zu unterschätzen. Fangen Sie an, mehr aus Ihrem Typ zu machen.

Zehn Fragen zur Selbstdarstellung		Trifft zu	Trifft nicht zu
1	Es fällt mir leicht, sicher vor einer Gruppe zu sprechen.		
2	Ich bekomme häufig Feedback, dass ich gut angezogen sei.		
3	Viele Menschen, denen ich einmal begegnet bin, erinnern sich an mich.		
4	Ich bin eher gelassen, wenn ich mit Vorgesetzten rede.		
5	Mir sind die gängigen Business-Benimmregeln bekannt und ich fühle mich darin sicher.		
6	Mit meinem Aussehen und meiner Stimme bin ich zufrieden.		
7	Ich kann mich auch in gehobenen Kreisen sicher bewegen.		
8	Die meisten Menschen reagieren positiv auf mich.		
9	Mich neuen Kollegen vorzustellen fällt mir leicht.		
10	Ich achte auf mein Äußeres und darauf, dass ich gepflegt aussehe und rieche.		

Auswertung Selbstdarstellung	
Weniger als fünf Mal *Trifft zu*	Sie haben eine eher schwach ausgeprägte Selbstdarstellungsfähigkeit und verhalten sich meistens unauffällig im Hintergrund. Ihre Wirkung auf andere ist dadurch eher gering und Sie wirken wenig überzeugend. Sie hinterlassen keinen bzw. eher einen negativen bleibenden Eindruck.
Mehr als fünf Mal *Trifft zu*	Sie haben eine eher stark ausgeprägte Selbstdarstellungsfähigkeit und treten meistens sicher auf. Sie wirken überzeugend auf andere. Damit hinterlassen Sie einen in der Regel positiven bleibenden Eindruck.

Trainingsprogramm Selbstdarstellung

Ihre Wirkung auf andere beginnt mit Äußerlichkeiten.

Sie können einiges tun, um Ihre Wirkung auf andere positiv zu gestalten und mehr aus Ihrem Typ zu machen. Das Training beginnt damit, dass Sie sich Gedanken darüber machen, wodurch Sie auf andere wirken. Ihre Wirkung auf andere beginnt mit Äußerlichkeiten. Innere Werte, Einstellungen und Kompetenzen lassen sich erst im Laufe der Zeit erkennen. Die Wirkung Ihres Äußeren setzt sich aus sechs Faktoren zusammen: der Kleidung, dem Auftreten, Ihrem Benehmen, der Ausdrucksweise, Ihrer Stimme und dem Aussehen.

Die Art, wie sich Menschen darstellen, ist weder angeboren noch unveränderbar, sondern folgt gelernten Mustern. Deren Grundlagen werden vor allem durch Vorbilder in Kindheit und Jugend, aber auch noch im Erwachsenenalter gelegt: durch unbewusste Beobachtung und Nachahmung des Verhaltens der Bezugspersonen. Kinder bekommen mit, wie Vater und Mutter gegenüber anderen Menschen auftreten, sich benehmen und kleiden.

Welche Vorbilder hatten Sie in Ihrer Jugend, und welche haben Sie heute?

Hier spielt die Herkunft eine entscheidende Rolle. Der Soziologe Michael Hartmann hat herausgefunden, dass Kinder aus höheren Gesellschaftsschichten, zum Beispiel von wohlhabenden Ärzten, Anwälten, Managern, Unternehmern oder Spitzenbeamten, es nachweislich leichter haben, Karriere zu machen, weil Sie über das Verhalten gesellschaftlicher Gewinner verfügen. Sie haben die entsprechenden Codes – eine breite Allgemeinbildung, optimistische, unternehmerische Einstellungen und Souveränität – quasi mit der Muttermilch aufgesogen.

Welche Herkunft haben Sie, kommen Sie zum Beispiel aus einer Arbeiter- oder einer Arztfamilie?

Souveränität ist entscheidend. Wer souverän ist, kann mit der Kleiderordnung und den Verhaltenscodes spielerisch umgehen. Wer aus Arbeiterkreisen kommt, muss dieses souveräne Auftreten, die Ausdrucksweise und das Benehmen erst lernen und sein Outfit, seine Kleidung und Accessoires, noch anpassen.

Außer der Herkunft spielt auch das Aussehen eine Rolle dabei, welche Wirkung Sie auf andere erzielen. In unzähligen Experimenten wurde weltweit nachgewiesen, dass Menschen, die im klassischen Sinne als schön empfunden werden, es im Leben leichter haben und beruflich erfolgreicher sind. Und auch der Einfluss der Stimme ist nicht zu unterschätzen. Eine tiefe Stimme wirkt deutlich souveräner als eine piepsige.

Mein Tipp: Prüfen Sie Ihre Wirkung immer an dem, was Sie auslösen, nicht an dem, was Sie beabsichtigten zu sagen oder zu tun. Fangen Sie bei Ihrer Kleidung an.

Die Kleidung

Kleider machen Leute
(Titel einer Novelle von
Gottfried Keller, 1874)

Wie kleiden Sie sich, und welche Accessoires haben Sie im Gepäck? Stilvoll oder (nach-)lässig, teuer oder billig, sportlich oder elegant? Ihre Kleidung ist Ihre zweite Haut, und Kleider machen Leute. Sie erzielen damit die größte Wirkung auf andere, einfach deshalb, weil die Kleidung so offensichtlich ist. Unterschätzen Sie das nicht. Achten Sie immer auf eine angemessene Kleidung. Wer sich unangemessen kleidet, wird nicht ernst genommen und beruflich nicht oder nur mäßig erfolgreich sein.

Als Berufseinsteiger müssen Sie den richtigen Griff in den Kleiderschrank erst lernen. Schauen Sie sich dazu die Berufskleidung verschiedener Berufsgruppen in unterschiedlichen Branchen in einer Management- oder Fachkarriere einmal im Internet bewusst an. In einer Werbeagentur können Jeans und Sakko okay sein, in einer Bank ist der dunkle Anzug Pflicht. Beim Kundentermin sind Sie anders angezogen als an einem *Casual Friday* im Büro. In einer Managementkarriere tragen Sie von Anfang an Anzug und Krawatte.

Das Auftreten

Prüfen Sie Ihre Selbsteinschätzung: Ist sie realistisch?

Wie treten Sie anderen gegenüber auf? Zurückhaltend oder forsch, freundlich oder kühl, unterwürfig oder dominant? Selbstbewusstes Auftreten heißt, Sie sind sich Ihrer selbst bewusst. Wie jeder Mensch machen auch Sie sich ein Bild von sich selbst und schätzen sich im Vergleich zu anderen ein. Achten Sie auf eine möglichst realistische Selbsteinschätzung. Wenn Sie sich überschätzen und denken, dass Sie schon alles wissen und für viele einfache Aufgaben überqualifiziert sind, werden Sie schnell als arroganter Schaumschläger entlarvt.

Unterschätzen Sie sich und denken, dass Sie eigentlich noch gar nichts können und deshalb jede Anweisung blind befolgen müssen, trauen Ihnen andere nichts zu und nehmen Sie nicht ernst. Sie haben einen Hochschulabschluss und einen Arbeitsvertrag in der Tasche. Irgendetwas müssen Sie also können. Aber Sie sind sicherlich noch lange nicht so weit, dem Chef mal zu sagen, wie er seinen Laden eigentlich zu führen hätte.

Das Benehmen

Wie benehmen Sie sich anderen gegenüber? Höflich oder unhöflich, aufmerksam oder unaufmerksam, angemessen oder unangepasst? Ihr Benehmen sagt etwas über Ihre Kinderstube aus. Achten Sie darauf, wie die Menschen im Unternehmen miteinander umgehen und benehmen Sie sich entsprechend.

Grüßen Sie Ihre Kollegen, lächeln Sie, schauen Sie Ihrem Gegenüber in die Augen, halten Sie eine Tür auf, kommen Sie vorbereitet und pünktlich zu Terminen, machen Sie keine anzüglichen Bemerkungen gegenüber Frauen oder Männern und seien Sie freundlich zu Chefs, Kollegen und Kunden. Lesen Sie mal in Knigges *Über den Umgang mit Menschen* nach. Denn wer sich unangepasst und unhöflich verhält, wird schnell abgelehnt.

> Achten Sie auf die Umgangsformen in Ihrem Unternehmen.

Die Ausdrucksweise

Wie drücken Sie sich anderen gegenüber aus? Kultiviert oder ordinär, präzise oder ausschweifend, der jeweiligen Situation angemessen oder unangemessen? Die Sprache verrät Ihre Herkunft und Ihre Einstellung. Achten Sie in Ihrer Ausdrucksweise auf die sprachlichen Gepflogenheiten im Unternehmen und der Branche, in der Sie arbeiten. Durch eine unangemessene Ausdrucksweise fallen Sie bei Chefs, Kollegen und Kunden unangenehm auf.

> Ihre Sprache verrät Ihre Einstellung.

Hi, ich bin der Alex, wie läuft's denn so? oder *Susa ist auf'm Klo, die kann nicht ans Telefon* oder *Das weiß ich doch nicht, dafür bin ich nicht zuständig,* sind Ausdrucksweisen, die vielleicht ins Hochschulumfeld passen. In einem Unternehmen gelten andere Regeln. Achten Sie auch auf eine präzise Ausdrucksweise. Wer nicht auf den Punkt kommt, gilt bei anderen als Schwätzer und Zeiträuber.

Die Stimme

Wie klingt Ihre Stimme? Tief oder hoch, ruhig oder aufgeregt, melodiös oder monoton? Die Stimme verrät Ihre Stimmung. Sie ist Ihre klingende Visitenkarte und deshalb nicht zu unterschätzen. Forschungsergebnisse von Verhaltensbiologen belegen, dass eine hohe, gepresste, piepsige Stimme dem Gegenüber Unsicherheit, Aufregung und Unterwerfung signalisiert. Dagegen wird eine ruhige und tiefe Stimme als Aus-

> Ihre Stimme verrät Ihre Stimmung.

Trainingsprogramm Selbstdarstellung	
Trainingseinheit 1	Kleidung: Kleider machen Leute. Wenn Sie das nicht glauben, testen Sie es einfach. Gehen Sie im dunklen Anzug oder Kostüm in ein Autohaus für Nobelkarossen und fragen Sie nach einem teuren Wagen. Wie werden Sie bedient? Und dann gehen Sie im Jogginganzug in ein anderes Autohaus und zeigen Interesse für ein teures Auto. Wie werden Sie hier bedient? Wenn Sie sich unsicher sind, welche Kleidung für Ihre Berufsgruppe und Ihre Branche angemessen ist und welcher Stil zu Ihnen passt, sollten Sie am Anfang Ihrer Berufslaufbahn unbedingt in einen Stilberater (Typberater, Dresscodeberater) investieren. Es lohnt sich.
Trainingseinheit 2	Auftreten, Benehmen und Ausdrucksweise: Jede Branche und jedes Unternehmen hat eine eigene Kultur und eigene Regeln. In einer Bank gelten konservative, in einer Werbeagentur eher leger-kreative Regeln. Beobachten Sie die Menschen in Ihrem neuen Umfeld deshalb sehr genau. Wie ziehen sich Ihre Arbeitskollegen an? Wie sprechen sie? Und wie verhalten sie sich? Das Zauberwort für Ihre Selbstdarstellung heißt „angemessen." Achten Sie darauf, dass Sie angemessen auftreten, sich angemessen ausdrücken und benehmen.
Trainingseinheit 3	Stimme: Trainieren Sie Ihre Stimme. Achten Sie beim Sprechen auf die richtige Atemtechnik. Atmen Sie tief in Ihr Zwerchfell, sprechen Sie nur beim Ausatmen und spannen Sie dabei Ihren Beckenboden an. Eine kräftige Stimme kommt von unten. Machen Sie Stimmjogging. Dazu können Sie singen; das gilt als optimale Stimmvorbereitung. Oder Sie sagen bedeutungslose Silben wie *mamamamama mimimimimi* laut auf. Testen Sie auch die folgende Wortübung: Atmen Sie tief ein. Sprechen Sie laut ein langgezogenes, mindestens zehn Sekunden dauerndes *iiiiiiiii*, holen Sie Luft, sprechen Sie ein *eeeeeeeeee*, holen Sie wieder Luft, und sprechen Sie dann ein *uuuuuuuuu*. Wo vibriert es in Ihrem Körper? Beim *U* im Becken, beim *E* in der Brust und beim *I* im Kopf. Wenn Sie sich jemandem das erste Mal vorstellen oder wenn es in einer Verhandlung um etwas Wichtiges geht, dann achten Sie darauf, dass Sie mit der „U-Tonlage" sprechen.
Trainingseinheit 4	Aussehen: Ein guter Stilberater wird Ihnen auch eine Rückmeldung zu Ihrem Aussehen geben. Nehmen Sie diese Tipps ernst, achten Sie auf Ihr Äußeres. Wenn Sie es nicht sowieso schon tun, dann treiben Sie ein wenig Sport, ernähren Sie sich gesund, schlafen Sie ausreichend, nehmen Sie möglichst wenig Nikotin und Alkohol zu sich. Studien belegen: Wer gut aussieht, hat Vorteile im Beruf und im Leben. Und für Ihr gutes Aussehen können Sie eine ganze Menge tun.

druck von Selbstsicherheit und als angenehm wahrgenommen.

Besonders Frauen, die meistens eine höhere Stimme haben, sollten darauf achten, in Situationen, in denen sie sich selbst präsentieren, so ruhig und so tief wie möglich zu sprechen. Das wirkt sehr viel überzeugender.

Das Aussehen

Wie sehen Sie aus? Ja, Sie haben richtig gelesen. Sind Sie groß oder klein, dick oder dünn, blond oder schwarzhaarig? An vielen äußeren Details Ihres Körpers können Sie nichts ändern. Aber Sie haben Einfluss darauf, ob Sie gepflegt oder ungepflegt wirken. Wer nicht auf sein Äußeres achtet, signalisiert, dass er nachlässig mit sich selbst umgeht. Und wer nachlässig mit sich selbst umgeht, der wird auch nachlässig mit anderen Menschen und Dingen umgehen. So lautet jedenfalls ein oft berechtigtes Vorurteil.

Achten Sie deshalb auf Ihre Frisur, auf die Rasur, Ihre Mundhygiene, auf Ihr Hautbild, die Fingernägel, den Körpergeruch und auch auf Ihren körperlichen Zustand. Wer fit und ausgeschlafen zur Arbeit kommt, wirkt kompetenter als derjenige, der müde und k. o. erscheint.

Achten Sie besonders am Anfang Ihrer beruflichen Laufbahn an jedem einzelnen Arbeitstag darauf, wie Sie auf andere wirken. Reflektieren Sie, ob Sie mit der Wirkung, die Sie bei anderen erzielen, zufrieden sind. Wenn nicht, sollten Sie die einfachen und nützlichen Techniken trainieren, um Ihre Selbstdarstellungsfähigkeit zu entwickeln. Legen Sie sich dazu ein Trainingsbuch an. Darin können Sie das, was Sie in den nächsten Wochen lernen, notieren. Schreiben Sie auf, wie Sie auf andere wirken – durch Ihre Kleidung, Ihr Auftreten, Ihr Benehmen, Ihre Ausdrucksweise, Ihre Stimme und Ihr Aussehen.

> Schöne Menschen haben es leichter.

> Legen Sie sich ein Trainingsbuch an und notieren Sie darin Ihre Erfahrungen der ersten Berufsmonate.

FEHLER FRÜH MACHEN

Misserfolgsvermeider machen keine Fehler, aber auch keine Karriere.

Wenn Sie aus Angst, etwas falsch zu machen, nicht handeln, passiv und defensiv bleiben, starten Sie als Misserfolgsvermeider in eine wenig erfolgreiche berufliche Zukunft. Beruflich erfolgreich zu werden heißt handeln, stolpern, stürzen und aufstehen. Im dritten Kapitel erfahren Sie, wie Sie mit Fehlern so umgehen können, dass sie Ihnen nicht schaden, sondern nutzen, und was Sie machen können, wenn Sie große Angst vor Fehlern haben. Außerdem lesen Sie, warum es so wichtig ist, schnell Verantwortung zu übernehmen.

Klären Sie auf den folgenden Seiten die drei Fragen:
1. Wie gehe ich mit Fehlern um?
2. Wie groß ist meine Angst vor Fehlern?
3. Wie kann ich schnell Verantwortung übernehmen?

Fehler sind Lernchancen

Die Fehlervermeidung muss das Ziel jedes Unternehmens sein. Kein Unternehmen kann sich auf Dauer zu viele Fehler leisten, denn sie kosten Geld. Aber Menschen machen Fehler.

Entwickeln Sie eine innere Haltung gegenüber Fehlern.

Unternehmen brauchen deshalb so etwas wie eine Fehlerkultur, und Sie als Mitarbeiter sollten gegenüber Fehlern eine innere Haltung entwickeln. Wie denken Sie über Fehler? Was machen Sie, wenn Ihnen ein Fehler unterlaufen ist?

Kämen wir Menschen mit so viel Angst vor Fehlern auf die Welt, wie wir sie im Laufe unseres Lebens entwickeln, hätte wohl niemand von uns sprechen, lesen oder schreiben gelernt. Denn Menschen, die Angst vor Fehlern haben, handeln weniger und lernen dadurch auch weniger. Lernen funktioniert über Fehler, über machen, falsch machen, daraus lernen und beim nächsten Mal richtig machen. Anders als bei angelesenem und auswendig gelerntem Wissen sind Erfahrungen emotional. Sie brennen sich in die neuronalen Schaltkreise ein. Einmal falsch gemacht, für immer bedacht. Fehler sind Lernchancen.

Fehler sind Lernchancen: einmal falsch gemacht, für immer bedacht.

Sie können zum Beispiel nur deshalb sprechen, weil Sie beim Sprechenlernen viele missglückte Versuche in Kauf genommen haben. Das Gleiche gilt für alle Fähigkeiten, die Sie im Laufe Ihres Lebens erlernen. Etwas zu beherrschen, etwas richtig und richtig gut zu machen, ist stets das Resultat vieler missglückter Versuche. Der Meister fällt sprichwörtlich nicht vom Himmel. Und zwischen Anfang und Können liegen viele, viele Stunden Übung.

Für erfolgreiche Berufseinsteiger gilt deshalb: Handeln Sie und machen Sie Ihre Fehler früh, aber natürlich nur einmal. Ob Sie jedoch aus Fehlern etwas lernen, hängt davon ab, wie Sie damit umgehen. Dies sagt oft mehr über einen Menschen aus, als die Fehler selbst.

Handeln Sie, und wenn etwas daneben geht, können Sie das bereuen. Das ist besser, als einmal bereuen zu müssen, nicht gehandelt zu haben.

Stellen Sie sich vor, Sie arbeiten als Assistent in der Marketingabteilung eines großen Unternehmens. Sie sollen Marktdaten zu einem Produkt statistisch auswerten. Ihr Ziel ist es, herauszufinden, welche Käufergruppen wann wie viel von diesem Produkt kaufen. Sie starten Ihre zielgerichtete Handlung und geben zunächst alle Daten ein, dann lassen Sie Ihr Statistikprogramm über den Datensatz laufen und nach vierstündiger Arbeit erhalten Sie eine schöne Auswertung in ansprechender Aufmachung. Nun bemerken Sie, dass Ihnen bei der Eingabe der Rohdaten ein Fehler unterlaufen ist, der die ganze Auswertung unbrauchbar macht. Wie denken Sie über diese Sache, und was machen Sie?

Manche Menschen denken in so einer Situation zum Beispiel: *Na klasse, ich bin ja ein Idiot. Das hätte ich mir ja denken können, dass mir so etwas passiert* oder *Scheiß Programm, hätte mir auch anzeigen können, dass ich die Daten anders eingeben muss* oder *Mist, aber weiß ja niemand und muss auch niemand mitbekommen. Das fällt sicherlich nicht auf,* vielleicht auch *Okay, ich war unkonzentriert, das nächste Mal werde ich mich besser konzentrieren. Und jetzt gebe ich die Daten noch einmal ein.* Je nachdem, wie ein Mensch denkt, handelt er auch. Manche Menschen machen Überstunden, um Fehler zu beheben. Andere versuchen, sie Kollegen in die Schuhe zu schieben. Und wieder andere verheimlichen sie und hoffen, dass es niemand merkt.

Fehler zugeben

An dieser Stelle möchte ich ein ganz klares Wort sprechen: *Wer einen Fehler nicht korrigiert, begeht einen zweiten Fehler* (frei nach Konfuzius). Geben Sie zu, wenn Ihnen ein Fehler unterlaufen ist. Zuerst vor sich selbst. Wenn nötig auch vor anderen. Begreifen Sie Ihre Fehler als Lernchance. Und machen Sie es beim nächsten Mal besser!

Wer einen Fehler macht und ihn nicht korrigiert, begeht einen zweiten. (frei nach Konfuzius)

Fehler, die Sie zu vertuschen versuchen, entwickeln oft ein Eigenleben und die Fehlerfolgen häufig eine Dynamik, die Sie nicht mehr kontrollieren können. Die Reparaturkosten eines vertuschten Fehlers können immens sein.

Die Folgen eines uneingestandenen Fehlers können immmens sein.

Stellen Sie sich einen Maschinenbauingenieur vor, der an einer Folienschneidemaschine eine Stellschraube um einen Millimeter zu weit eindreht. Die Folge: Die Folie wird zu schmal geschnitten. In einer Nachtschicht laufen 80.000 Meter Folie durch die Maschine. Der Ingenieur bemerkt seinen Fehler nach einer halben Stunde, aber aus Angst davor, die Maschine anzuhalten und dem *Manager Operations* gegenüber einzugestehen, dass er durch seinen Fehler bereits 5.000 Meter Ausschussfolie produziert hat, lässt er die Maschine laufen. Die ganze Nacht. 80.000 Meter Ausschuss.

Die geschnittene Folie wird als Halbfertigprodukt zwischengelagert und am nächsten Tag zum Kunden transportiert. Der spannt sie in seine Maschine ein und will Endverpackungen daraus produzieren und bemerkt den Fehler. Die Folge: Reklamation, Imageschaden, Vertrauenseinbußen, Vertragsstrafe. Nach einer halben Stunde hätte der Fehler mit ein paar Handgriffen und vertretbaren Kosten behoben werden können. Die Folgen des nicht behobenen Fehlers wachsen sich hingegen zu einem viel größeren und teureren Problem aus. Fazit: Nicht der Fehler ist das größte und teurste Problem, sondern seine Vertuschung.

Nicht der Fehler ist das größte Problem, sondern seine Vertuschung.

Außerdem werden Sie, wenn Sie als Urheber entlarvt werden, das Vertrauen Ihres Chefs oder Ihrer Chefin und Ihrer Kollegen verspielt haben. Möglicherweise fliegen Sie raus. Sie sollten also keine Angst vor Fehlern haben, die Sie machen, sondern Sie müssen Angst vor Fehlern haben, die Sie nicht zugeben und aus denen Sie nichts lernen.

Wie Sie aus Fehlern lernen

Sie lernen dann aus Ihren Fehlern, wenn Sie sie sachlich analysieren, ihre Ursachen herausarbeiten und Maßnahmen einleiten, um einer Wiederholung vorzubeugen. Dafür ist es zwingend erforderlich, dass Sie Ihre Fehler schnell, offen, ehrlich und ohne Selbstverteidigungs- oder Rechtfertigungsabwehr zugeben und darüber reden. Das setzt wiederum eine Unternehmenskultur voraus, die ohne Bestrafung von Fehlern funktioniert. Denn Sanktion von Fehlern erzeugt Angst vor Fehlern, und die Angst vor Fehlern macht Fehler wahrscheinlicher.

Eine Fixierung auf Fehler erzeugt eine Bewegung hin zu Fehlern. Denn Menschen bewegen sich für gewöhnlich in die Richtung, in die sie ihre Aufmerksamkeit lenken. Probieren Sie das einmal selbst aus. Wenn Sie geradeaus laufen und von links gegrüßt werden, drehen Sie Ihren Kopf nach links und richten Ihre Aufmerksamkeit zu der Person, die Sie von links gegrüßt hat. Und prompt bekommen Sie einen Linksdrall und weichen vom Geradeauslaufen ab. Eine alte hawaiianische Weisheit bringt das auf den Punkt: *Energy flows where attention goes.*

Energy flows where attention goes. (hawaiianische Weisheit)

Außerdem lenkt die Angst vor Fehlern die Aufmerksamkeit vom Eigentlichen ab. Das Ziel Ihrer Arbeit ist ja in der Regel nicht die Vermeidung von Fehlern, dafür könnten Sie auch zu Hause bleiben, sondern der Erfolg. In einer gut entwickelten Fehlerkultur gilt der eiserne Grundsatz, dass Fehler zwar unerwünscht, bis zu einem gewissen Grad jedoch unvermeidlich sind. Fehler zu vertuschen ist inakzeptabel. Sanktionen gibt es daher für den, der versucht einen Fehler zu verschweigen, nicht für den, der einen Fehler macht.

Die drei zentralen Elemente einer guten Fehlerkultur
1. Fehler werden offengelegt.
2. Dies geschieht frühzeitig, das heißt, sobald ein Fehler bemerkt wird, und nicht erst bei einer Qualitätskontrolle.
3. Fehler werden sachlich analysiert, um ihre Ursachen zu finden und für die Zukunft abzustellen.

Leider gibt es in vielen Unternehmen noch keine gute Fehlerkultur. Viele Kollegen reagieren mit harscher Kritik, Vorwürfen und Verstimmung auf Fehler anderer, und so manchen Chef packt die Wut und Angst davor, dass er für die Fehler seiner Mitarbeiter zur Rechenschaft gezogen wird. Fehler werden verbal oder real sanktioniert, und oft entsteht eine *Cover-your-ass*-Mentalität: *Ich war's nicht.* Wenn Sie sich in einer solchen Kultur befinden und vielleicht zudem in der Vergangenheit schlechte Erfahrungen mit Fehlern und ihren Folgen machten, dann sollten Sie wissen, wie Sie mit der Angst vor Fehlern umgehen können.

Gibt es in Ihrem Unternehmen eine gute Fehlerkultur?

Umgang mit der Angst vor Fehlern

Vorweg die Ernüchterung. Sie werden die Unternehmens- und damit die Fehlerkultur Ihres Arbeitgebers nicht ändern. Die Kultur zu ändern, ist so ziemlich das Schwierigste und Langwierigste in der Organisationsentwicklung. Ihr Hebel des Handelns liegt bei Ihnen selbst. Reflektieren Sie, woher eigentlich Ihre Angst vor Fehlern kommt.

Die Angst vor Fehlerfolgen kann Sie lähmen.

Es sind weniger die Fehler selbst, vor denen Menschen Angst haben, als vielmehr die Folgen der Fehler. Zum Beispiel das Gefühl, den eigenen oder fremden Erwartungen nicht entsprochen zu haben, ausgelacht oder abgelehnt zu werden, Angst vor Mehrarbeit oder Gehaltseinbußen, Ansehens- oder gar Arbeitsplatzverlust.

Die meisten Menschen haben in Ihrem Leben eher schlechte Erfahrungen mit Fehlern gemacht. Schon im Elternhaus und später auch in der Schule haben sie erlebt, dass man keine Fehler machen darf beziehungsweise sich dabei nicht erwischen lassen sollte. Die Folgen von Fehlern waren in der Regel unangenehm: Hausarrest, Taschengeldkürzung, Fernsehverbot, Strafarbeit, Nachsitzen oder subtilere Strafen wie Liebesentzug, Verachtung, Ablehnung, Ignoranz und Ausgrenzung. Mit dieser Altlast kommen Sie in eine mehr oder weniger gut entwickelte Fehlerkultur im Unternehmen. Und die erste ärgerliche Spontanreaktion Ihres Chefs auf einen Fehler von Ihnen löst bei Ihnen das ganze Programm aus: Angst, Verunsicherung, Vermeidung, Vertuschung.

Wer sein Leben so einrichtet, dass er niemals auf die Schnauze fallen kann, der kann nur noch auf dem Bauch kriechen.
(Klaus Zwickel)

Die Angst kann Sie blockieren und handlungsunfähig machen. Sie handeln – oder handeln eben nicht – unbewusst nach dem Motto: *Wer sich nicht bewegt, der macht auch keine Fehler.* Mit einem solchen Verhalten werden Sie natürlich weder beruflichen Erfolg haben noch Karriere machen. Wer statt des beruflichen Erfolgs die Vermeidung von Misserfolgen vor Augen hat, wird schnell zu einem Misserfolgsvermeider. Wenn Sie sich auf dem Weg dorthin befinden sollten, nutzen Sie den folgenden Sechs-Punkte-Plan für einen konstruktiven Umgang mit Ihrer Angst vor Fehlern und deren Folgen.

Um beruflich erfolgreich zu werden, müssen Sie beherzt Aufgaben und Verantwortung übernehmen. Sie müssen handeln. Sie werden stolpern und stürzen, und Sie sollten immer wieder aufstehen und weiterlaufen.

6-Punkte-Plan bei Angst vor Fehlern

1. Die Dynamik verstehen: Wir alle neigen dazu, ärgerlich auf Fehler zu reagieren, insbesondere, wenn andere sie gemacht haben und sie negative Auswirkungen für uns selbst haben.

   Dazu kommt die Überzeugung vieler Kollegen und Chefs, dass eine heftige Rüge letzten Endes mehr bewirkt als ein toleranter Umgang mit Fehlern. Wenn Sie diese Dynamik verstehen, können Sie mit kühlem Kopf statt mit heißem Blut auf ärgerliche Spontanreaktionen Ihres Chefs und Ihrer Kollegen reagieren.

2. *Nobody is perfect:* Hinterfragen Sie Ihre Glaubens- und Antreibersätze wie zum Beispiel: *Ich muss perfekt sein. Ich darf keine Fehler machen. Wenn ich Fehler mache, lachen die Kollegen, und ich werde abgelehnt.*

   Ersetzen Sie diese wenig hilfreichen Gedanken durch hilfreiche Gedanken wie zum Beispiel: *Kein Mensch ist perfekt. Jeder Mensch macht Fehler. Wenn ich einen Fehler mache und ihn zugebe, zeigt das, dass ich selbstbewusst bin.*

3. *Lessons learned:* Fehler sind Ihr bester Trainer. Machen Sie Ihre Fehler deshalb früh, und lernen Sie daraus. Machen Sie die Dinge, die nicht zielführend waren, beim nächsten Mal anders.

4. Den Blick fürs Ganze entwickeln: Ein Fehler macht Sie noch nicht zum Versager. Ein Misserfolg stellt nicht Ihr ganzes Leben infrage. Relativieren Sie Fehler, indem Sie überlegen, wie Sie wohl in zehn Jahren darüber denken werden.

5. *Worst-Case-Szenario:* Was kann Ihnen oder anderen schlimmstenfalls passieren, wenn Sie einen Fehler machen? Was wäre der Super-Gau? Denken Sie diesen Katastrophengedanken konsequent zu Ende.

   Besonders Berufsgruppen mit hohem Risiko der Fremdschädigung wie etwa Piloten oder Chirurgen stehen unter einem Null-Fehler-Erwartungsdruck. Diese Menschen werden speziell vorbereitet, mit dem Druck konstruktiv umzugehen, damit die Angst vor Fehlern nicht eben diese Fehler produziert.

   Bei vielen anderen Berufsgruppen ist der *Worst Case* in der Regel Zeit- oder Geldverlust. Nicht mehr und nicht weniger.

6. Angst als Motor nutzen: Angst ist eine sehr sinnvolle Einrichtung der Natur, um Sie in bedrohlichen Situationen zu schützen. Ihr Ziel kann deshalb nicht lauten, keine Angst mehr zu haben, sondern muss sein, Ihre Angst sinnvoll zu nutzen, um Arbeitssituationen realistisch einzuschätzen und sich darauf sorgfältig vorzubereiten.

Übernehmen Sie Verantwortung

Im Studium erwerben Sie gezielt oder beiläufig geistige, körperliche und soziale Kenntnisse, Fähigkeiten und Fertigkeiten. Diese Prozesse nennt man lernen, und dahinter steckt viel Psychologie. Das fängt bei der Wahrnehmung an und geht über Aufmerksamkeits- und Konzentrationsprozesse, die Gedächtnisleistung und Problemlösefähigkeit über das schlussfolgernde Denken bis zum kognitiven Aufbau von Sachkenntnissen.

Ihr Verhalten hat Konsequenzen für Sie und für andere.

In der Praxis geht es darum, Kenntnisse, Fähigkeiten und Fertigkeiten für das Unternehmen einzusetzen. Dabei hat Ihr Verhalten unmittelbare Konsequenzen für andere und für den Unternehmenserfolg. Anders als im Studium geht es im Beruf um echte Mandanten, die Sie vor Gericht vertreten, um echte Häuser, deren Statik Sie berechnen und um echtes Geld, mit dem Sie kalkulieren. Produktionslinien stehen still, Häuser stürzen ein und Mandanten kommen ins Gefängnis, wenn Sie nicht die Verantwortung für Ihre Aufgaben übernehmen.

Verantwortung übernehmen heißt, für die potenziell negativen Folgen Ihrer Arbeit einzustehen.

Verantwortung übernehmen heißt Aufgaben termin- und kostengerecht entsprechend vorgegebener Qualitätsanforderungen zu bearbeiten. Führen Sie sich das magische Dreieck aus dem ersten Kapitel noch einmal vor Augen. Verantwortung übernehmen heißt auch, für die potenziell negativen Folgen Ihrer Arbeit einzustehen. Das schreckt so manchen Berufseinsteiger ab. Doch spätestens nach dem letzten Kapitel wissen Sie, wie Sie mit der Angst vor Fehlern und Fehlerfolgen umgehen können. Es lohnt sich unbedingt, von Beginn an Verantwortung zu übernehmen und dadurch früh viel Erfahrungen zu machen. Durch nichts anderes werden Sie so schnell so viel lernen. Denn wer Verantwortung übernimmt, verändert automatisch seine Rolle.

Wer Verantwortung übernimmt, verändert automatisch seine Rolle.

Im Meeting sind Sie entweder ein Teilnehmer unter vielen, oder Sie übernehmen Verantwortung als Protokollführer. Dann sind Sie nicht nur dafür verantwortlich, der Besprechung aktiv zu folgen, sondern auch, die wesentlichen Fakten und Beschlüsse zu notieren, das Ganze später in eine professionelle Form zu bringen und an die Teilnehmer zu verteilen. Für einen Moment stehen Sie sozusagen im Mittelpunkt. So können Sie wichtige Karrierekompetenzen unter Beweis stellen: Engagement, Leistungsbereitschaft, Zuverlässigkeit und Selbstmanagementfähigkeit. Allerdings setzen Sie sich so auch der potenziellen Kritik anderer aus: Sie müssen aushalten, dass Besprechungsteilnehmer Ihr Protokoll ablehnen werden.

Noch deutlicher wird das Lernpotenzial von Verantwortung in der Rolle des Moderators. Wenn Sie die Moderation einer Teamsitzung übernehmen, stehen Sie hier und jetzt im Fokus aller Teilnehmer. Die Blicke sind auf Sie gerichtet, und

das Gelingen der Teamsitzung hängt von Ihrer Moderations-
fähigkeit ab. Hier setzen Sie sich unmittelbarer Kritik aus.
Und als Berufseinsteiger werden Sie deshalb in der Nacht vor
einer Moderation sicherlich eher unruhig schlafen.

Ein anderes Beispiel: Bei einem Kundentermin können Sie
entweder derjenige sein, der einfach mitgeht. Oder Sie können die Verantwortung für das Gespräch übernehmen. *Chef,
wäre es okay, wenn ich den Kundentermin vorbereite und die
Gesprächsführung übernehme?* Im Vorfeld kümmern Sie sich
um die Terminierung und einen Konferenzraum mit Catering.
Sie stellen Unterlagen zusammen, begrüßen die Gäste und
führen das Gespräch. Auch hier stellen Sie bereits wichtige
Karrierekompetenzen unter Beweis: Kommunikationsfähigkeit, Selbstdarstellung und Fachwissen. Und auch hier setzen
Sie sich potenzieller Kritik aus, denn wenn der Kundentermin
nicht wunschgemäß verläuft, sind Sie dafür verantwortlich.

Mit jeder neuen Aufgabe übernehmen Sie eine neue Rolle;
jede Rolle ist ein Bündel von Anforderungen, an denen Sie
wachsen können. Suchen Sie deshalb, anders als viele Kollegen, die auf den Tisch schauen, stets den Blick zum Abtei-
lungs- oder Projektleiter, wenn Aufgaben verteilt werden.

> In jeder neuen Rolle steckt ein Bündel neuer Anforderungen und damit Lernchancen.

Unterscheiden Sie jedoch zwischen Fleiß- und Prestigeaufgaben. Als Karrierestarter können Sie sicherlich mehr
als einmal das Protokoll übernehmen, ohne sich gleich als
hauptamtlichen Protokollführer zu positionieren. Mit der Zeit
müssen Sie jedoch priorisieren, was Ihnen und was für Ihre
Karriereziele wirklich wichtig ist. Denn Prestigeaufgaben wie
beispielsweise die Übernahme eines schwierigen Kunden,
bringen Ihnen auf Dauer mehr Respekt ein als Fleißaufgaben.

> Erfolgreiche Berufseinsteiger bringen sich aktiv ein und übernehmen Aufgaben und die Verantwortung dafür.

Entwickeln Sie Ihre Karrierekompetenzen und machen Sie
Entscheidungsträger im Unternehmen auf sich aufmerksam,
indem Sie früh Verantwortung übernehmen.

> Wer Verantwortung übernimmt, macht Entscheidungsträger im Unternehmen auf sich aufmerksam.

Aufgabe 4: Prüfen Sie, ob Sie bereits genug Verantwortung
an Ihrem Arbeitsplatz übernehmen. Greifen Sie zu, wenn sich
Ihnen Chancen bieten.

Damit sind wir beim Thema Karriere und der Frage, was für
Sie eigentlich Karriere ist?

DIE KARRIERE – ZUFALL ODER PLAN

Viele Karrierestarter stellen sich die Frage, wie man beruflich erfolgreich wird und Karriere macht. Es gibt eine Antwort auf diese Frage. Beruflicher Erfolg hängt davon ab, dass Sie wissen, wohin Sie wollen und welche Karrierefaktoren auf dem Weg dahin wichtig sind. Im vierten Kapitel lesen Sie, wie Sie Ihr persönliches Karriereziel definieren können. Sie erfahren, welche Karrierefaktoren für welches Karriereziel nötig sind und ob Karrieren überhaupt planbar sind. Außerdem lernen Sie einen Schlüssel zum Erfolg kennen.

Klären Sie auf den folgenden Seiten die vier Fragen:
1. Welche Ziele setze ich mir?
2. Welche Motive, Eigenschaften und Fähigkeiten habe ich?
3. Glaube ich, dass meine Karriere planbar oder zufällig ist?
4. Wie viel bin ich bereit für mein berufliches Ziel einzusetzen?

Karriere machen

Der Begriff Karriere ist in Deutschland nach wie vor negativ besetzt. Schnell ist von der *Schornsteinkarriere* die Rede, bei der es senkrecht nach oben geht. Vom Karrieristen, der auf Kosten anderer und der eigenen Gesundheit möglichst schnell in eine möglichst hohe Position aufsteigt, viel Macht erlangt und noch mehr Geld verdient.

Dabei bezeichnet der Begriff Karriere *(franz. carrière „Laufbahn", zu lat. carrus „Wagen")* lediglich die persönliche Laufbahn eines Menschen in seinem Berufsleben, also den Weg, auf dem sich jemand von seinem Standort in Richtung Ziel bewegt. Wer sein Ziel erreicht, hat Karriere gemacht. Der Grad der individuellen Zielerreichung ist die Maßeinheit für eine Karriere. Das Karriereziel definieren bestenfalls Sie selbst. Was ist Ihr Karriereziel? Wollen Sie viel Geld verdienen oder lieber einer sinnvollen Tätigkeit nachgehen? Ist Ihnen Status wichtig oder steht für Sie der Spaß im Vordergrund? Vielleicht wollen Sie auch alles zusammen und das möglichst schnell.

Da Menschen dazu neigen, sich ständig bewusst oder unbewusst mit anderen zu vergleichen, ist es für die meisten gar nicht so einfach, ein eigenes Karriereziel zu definieren. Allzu häufig schielt man zum Nachbarn und schaut, ob der

Wer sein Ziel erreicht, macht Karriere.

Definieren Sie Ihre Karriereziele.

mehr Geld verdient, ein neueres Auto fährt, ein größeres Haus besitzt oder die weiteren Urlaubsreisen macht.

Und schon ist das nächste Ziel benannt: *Ich will mehr Geld verdienen als mein Nachbar.* Vergleiche mit ehemaligen Kommilitonen, die im Bereich der regenerativen Energie Fuß gefasst haben, werfen die Frage auf, ob es nicht das ist, was Sie schon immer machen wollten: *eine nachhaltig sinnvolle Aufgabe erfüllen.* Die Erzählungen der Tante, die im Auftrag der Boston Consulting Group Unternehmen rund um die Welt berät, zaubern Verzückung in Ihr Gesicht. Vielleicht lautet Ihr Karriereziel Nummer eins ja doch *Status.* Oder es sind Geschichten wie die von Mark Zuckerberg, der mit dem, was er arbeitet, anscheinend einfach nur *Spaß* hat und eher nebenbei zum jüngsten Multimilliardär der Welt avancierte.

Wettbewerb, Sinn, Status oder Spaß: Finden Sie heraus, was für Sie im Zentrum steht!

Aus der Praxis
Eine unerschöpfliche Quelle echter, tiefer und lang andauernder Unzufriedenheit ist der soziale Vergleich. Denn es wird immer jemanden geben, der einfach besser ist als Sie.

Machen Sie sich nichts daraus, dass es immer jemanden geben wird, der besser ist als Sie, und machen Sie sich vor allen Dingen Ihr Leben nicht unnötig schwer. Nutzen Sie Menschen in Ihrem Umfeld als Vorbild, um Ihr eigenes Karriereziel zu definieren, und nicht als Neidobjekt. Gehen Sie bei Ihrer Karriereplanung systematisch vor.

Sie können grundsätzlich zwischen zwei Karrierewegen unterscheiden: der Managementkarriere und damit dem Aufstieg in der Unternehmenshierarchie und der Fachkarriere, das heißt einer Expertenlaufbahn. Beide Wege sind prinzipiell sowohl in gewinnorientierten als auch in gemeinnützigen Organisationen möglich.

Mit einer Managementkarriere verfolgen Sie das Ziel, Führungsverantwortung zu übernehmen. Sie streben eine Leitungsfunktion mit disziplinarischer Führung von Mitarbeitern an. Sie wollen Unternehmensziele mitgestalten und für die Planung, Organisation und Steuerung der Zielerreichung verantwortlich sein. Ihr Wunsch ist es, viel zu bewirken und Entscheidungen zu treffen. Dafür sind Sie bereit, sich und Ihre Ziele auch gegen Widerstände innerhalb und außerhalb des Unternehmens durchzusetzen. Druck von übergeordne-

Die Managementkarriere: Aufstieg in der Unternehmenshierarchie

ten Chefs, untergeordneten Mitarbeitern, Lieferanten und Kunden auszuhalten und sich überdurchschnittlich stark einzusetzen, sehen Sie als Herausforderung an. Ihr Arbeitstag besteht hauptsächlich aus analysieren und planen, aus kommunizieren und informieren sowie aus steuern und entscheiden. Die Grundlage dafür ist neben einer charakterfesten Persönlichkeit das fundierte Fachwissen aus Ihrem Studium, auch wenn Sie fachlich immer weniger mitarbeiten werden.

Die Fachkarriere: Entwicklung zum Experten auf einem Fachgebiet

In einer Fachkarriere wollen Sie in Ihrem Fachgebiet einer der Besten werden. Sie streben wachsende Expertise in Ihrem Spezialgebiet an. Als Anwalt für Arbeitsrecht setzen Sie beispielsweise alles daran, einer der besten Arbeitsrechtler zu werden. Als Betriebswirt im Controlling wollen Sie einer der besten auf diesem Gebiet werden und als Ingenieur in einer Forschungs-und-Entwicklungsabteilung liegt Ihnen zum Beispiel daran, eine große Zahl verwertbarer Patente anzumelden. Ihre Tätigkeit besteht hauptsächlich aus fachlich-inhaltlicher Arbeit. Wenn Sie Glück haben, hält Ihnen Ihr Chef den Rücken dafür frei.

Welchen Karriereweg wollen Sie einschlagen?

Welcher Karriereweg spricht Sie spontan am meisten an? Welches Bild von sich selbst haben Sie? Das Bild des Managers oder das Bild des Experten? Worin wollen Sie einer der Besten werden? Jetzt stehen Sie am Anfang Ihrer Berufslaufbahn und können leicht die Weichen stellen. Je später Sie das angehen, desto schwieriger wird es. Sowohl in einer Fach- als auch in einer Managementkarriere können Sie viel Geld verdienen, eine hohe soziale Stellung erlangen, einer sinnvollen Tätigkeit nachgehen und Spaß haben. Die Frage ist, was Sie wollen und dafür einzusetzen bereit und in der Lage sind.

Ein Sprichwort sagt: *Wer sein Ziel kennt, findet den Weg.* Und ich sage, wer auf seinem Weg die entscheidenden Karrierefaktoren im Blick hat, wird seinen Weg über Stock und Stein gehen und seine Ziele trotz Widerständen erreichen können.

Die entscheidenden Karrierefaktoren

Forschungsergebnisse, unter anderem von Heinz Schuler, einem der führenden deutschen Personalpsychologen und Eignungsdiagnostiker, belegen, dass es eindeutig identifizierbare Karrierefaktoren gibt, die sich Ihren Motiven, Eigenschaften, Fähigkeiten und Ihrem Wissen zuordnen lassen.

Die Top-9-Karrierefaktoren			
Motive	**Eigenschaften**	**Fähigkeiten**	**Wissen**
Machtstreben	Emotionale Stabilität	Selbstmanagement	Fachwissen
Leistungsbereitschaft	Intelligenz	Kommunikation	
	Selbstwirksamkeit	Selbstdarstellung	

Machtstreben

Lust an der Macht wird als wesentliches Motiv für eine Managementkarriere angesehen. Machtstreben verleiht den nötigen Biss für den beruflichen Aufstieg in der Unternehmenshierarchie. Ohne Machtstreben haben Sie kein Interesse an einer Führungsposition und in der Regel auch keine Chance, eine gute Führungskraft zu werden. Das Machtmotiv äußert sich in dem Bestreben, andere zu beeinflussen, sich durchzusetzen, andere zu beherrschen und Risiken einzugehen.

Menschen mit einem ausgeprägten Machtmotiv brauchen eine hohe Konfliktbereitschaft, da Sie den eigenen Standpunkt klar vertreten und oft in der Schusslinie stehen. Menschen mit einem niedrigen Machtmotiv widerstrebt es, andere zu beeinflussen und die Führung zu übernehmen. Harmonie und Respekt bewerten sie höher als das Durchsetzen von Unternehmenszielen und eigenen Interessen.

Ein ausgeprägtes Machtstreben ist weder gut noch schlecht; es kommt immer darauf an, zu welchem Zweck es eingesetzt wird. Denken Sie zum Beispiel an den Führer der indischen Unabhängigkeitsbewegung, Mahatma Gandhi. Mit einem unbeugsamen Willen zur Einflussnahme führte er 1947 das Ende der britischen Kolonialherrschaft in Indien herbei. Natürlich kommen zum Machtmotiv noch andere Faktoren hinzu, die Gandhi brauchte, um sein Ziel zu erreichen, zum Beispiel seine Leistungsbereitschaft.

Leistungsbereitschaft

Eine der wichtigsten persönlichen Voraussetzungen für beruflichen Erfolg ist die Leistungsbereitschaft. Egal, ob Sie eine Management- oder eine Fachkarriere anstreben – um einer der Besten in Ihrem Bereich zu werden, müssen Sie bereit sein, mehr zu leisten als andere.

Leistungsmotivierte Menschen benötigen keine äußeren Anreize. Sie sind aus sich heraus engagiert, beharrlich, ziel-

> Macht ausüben wollen heißt Einfluss nehmen wollen.

> Einfluss nehmen wollen ist nicht gut oder schlecht, es kommt auf das Ziel an.

> Leistungsbereitschaft ist der Motor, der Sie antreibt.

strebig und diszipliniert. Arbeit macht ihnen Spaß, und schwierige Aufgaben empfinden sie als Herausforderung. Weniger leistungsmotivierte Menschen haben nicht den Ehrgeiz, stets hohen Ansprüchen zu genügen. Sie erledigen ihre Aufgaben ohne besonderes Engagement, und bei Schwierigkeiten geben sie schneller auf.

Emotionale Stabilität

Emotionale Stabilität ist eine wichtige Eigenschaft für den souveränen Umgang mit Konflikten. Besonders zart besaitete Menschen fühlen sich schnell persönlich angegriffen und nehmen psychischen Schaden. Viele Berufseinsteiger müssen eine höhere Stresstoleranz erst noch entwickeln und sich ein dickeres Fell zulegen. Denn im Unternehmen wird mit härteren Bandagen gekämpft als an den Hochschulen. Eine solide emotionale Stabilität ist besonders für eine Managementkarriere wichtig, da auf leitenden Positionen der raue Wind von allen Seiten weht.

Emotionale Stabilität ist der Anker, der Sie in rauer See an Ort und Stelle hält.

Intelligenz

Jeder Mensch verfügt über eine kognitive Ausstattung, die es ihm ermöglicht, mehr oder weniger anspruchsvolle Aufgaben zu lösen. Diese Ausstattung setzt sich zusammen aus der Intelligenz, zu der man auch die Kreativität zählen kann, und den neurophysiologischen Voraussetzungen für eine gute Konzentrationsfähigkeit, eine schnelle Auffassungsgabe und ein gutes Gedächtnis. Die Berufswahl sollte sehr genau auf die kognitive Ausstattung abgestimmt sein. Über- oder unterforderte Menschen bringen es beruflich nicht weit. Eine ordentliche kognitive Ausstattung ist besonders für eine Fachkarriere relevant, wo es gilt, sich in angemessener Zeit ein umfangreiches und tiefes Fachwissen anzueignen. Eine gewisse Intelligenz schadet aber auch in einer Managementkarriere nicht.

Mit Intelligenz geht vieles leichter.

Selbstwirksamkeit

Selbstwirksamkeit ist die Fähigkeit, an sich und seine Kompetenzen zu glauben. Menschen mit einer hohen Selbstwirksamkeit sind sich sicher, dass Sie Einfluss auf die Gestaltung ihres Lebens nehmen können. Sie sind zuversichtlich und können mit Schwierigkeiten konstruktiv umgehen. Menschen

Der Glaube (an sich selbst) kann Berge versetzen.

mit einer ausgeprägten Selbstwirksamkeit setzen sich hohe Ziele, erreichen diese und erleben sich dadurch wiederum als selbstwirksam. Menschen mit geringer Selbstwirksamkeit dagegen fühlen sich als Opfer der Umstände und haben wenig Vertrauen in die eigenen Fähigkeiten. Beruflich erfolgreiche Menschen haben eine hohe Selbstwirksamkeit.

Fachwissen

Eine weitere Grundlage für beruflichen Erfolg ist das Fachwissen, das sich ein Mensch im Laufe seines Lebens erarbeitet. Ohne ein fundiertes und umfangreiches Fachwissen ist Berufserfolg unwahrscheinlich. Das gilt sowohl für eine Managementkarriere als auch für eine Fachkarriere. Auf der Basis Ihres Know-hows aus dem Studium müssen Sie zum Beispiel ein fundiertes Fachwissen im Bereich der Führung aufbauen, wenn Sie ein erfolgreicher Manager werden möchten. Wollen Sie hingegen einer der besten Experten auf Ihrem Fachgebiet werden, müssen Sie viele Tausend Stunden investieren, um Überblick und Tiefe auf Ihrem Gebiet zu erlangen.

Ein gutes Fachwissen ist das Fundament für Ihren beruflichen Erfolg.

Selbstmanagement

Eine wichtige Voraussetzung für Berufserfolg ist die Fähigkeit, sich selbst und seine Zeit gut zu organisieren. Eine gewissenhafte, genaue, ordentliche, sorgfältige und zuverlässige Arbeitsweise trägt wesentlich dazu bei, Machtstreben und Leistungsbereitschaft praktisch umzusetzen und die eigene Intelligenz effizient zu nutzen, um Fachwissen aufzubauen. Wer das, was er macht, effizient macht, ist klar im Vorteil. Das gilt für alle Karrierestarter gleichermaßen.

Vor den Erfolg haben die Götter den Schweiß gesetzt. (Hesiod)

Kommunikation

Menschen sind soziale Wesen, und ein menschliches Grundmotiv ist es, Teil einer Gruppe zu sein. Voraussetzung dafür ist die Fähigkeit, mit anderen Menschen in Kontakt zu treten und zu kommunizieren. Wer hier Stärken wie Einfühlungsvermögen, Wertschätzung, Authentizität und Extraversion entwickelt, hat es im komplexen sozialen Geflecht beruflichen Miteinanders leichter. Eine ausgeprägte Kommunikationsfähigkeit ist besonders für eine Managementkarriere wichtig, denn auf dem Weg nach oben werden Sie mit vielen Menschen reden müssen.

Miteinander reden kann Karrieren fördern.

Selbstdarstellung

Tue Gutes und rede darüber.

Ein selbstbewusstes Auftreten kann Karrieren beschleunigen. Das wissen Sie bereits aus dem Crashkurs *Selbstdarstellung*. Wer die Fähigkeit der Selbstdarstellung beherrscht, ist deshalb klar im Vorteil. Egal ob bei einem Meeting oder beim Kunden, Menschen, die gelernt haben, sich selbstsicher, aussagekräftig und überzeugend darzustellen, erreichen mehr. Das gilt besonders in einer Managementkarriere. Wer führen will, muss auf der Basis einer realistischen Selbsteinschätzung zu jedem Zeitpunkt wissen und formulieren können, wer er ist, was er kann und was er will. Schaumschläger oder Menschen mit einer Sozialphobie haben hier keine Chance.

Das ideale Karriereprofil gibt es nicht, aber eine mehr oder weniger gute Karriereziel-Karriereprofil-Passung.

Wie stark sind die neun Karrierefaktoren bei Ihnen ausgeprägt? Schätzen Sie sich selbst ein. Sie profitieren am meisten von Ihrer Selbsteinschätzung, wenn Sie ehrlich sind. Es geht nicht um eine sozial erwünschte Einschätzung. Ein Idealprofil gibt es nicht, eher eine mehr oder weniger gute Karriereziel-Karriereprofil-Passung. Sie brauchen, je nachdem, welches Karriereziel Sie verfolgen, unterschiedlich starke Ausprägungen der einzelnen Karrierefaktoren.

Eine Managementkarriere werden Sie beispielsweise erfolgreicher durchlaufen, wenn Sie ein stark ausgeprägtes

Ihr Top-9-Karriereprofil	Gar nicht ausgeprägt	Mittel ausgeprägt	Stark ausgeprägt
Machtstreben			
Leistungsmotiv			
Emotionale Stabilität			
Intelligenz			
Selbstwirksamkeit			
Fachwissen			
Selbstmanagement			
Kommunikationsstärke			
Selbstdarstellung			

Machtstreben, gepaart mit einer hohen Leistungsbereit-schaft, einer ordentlichen Intelligenz, einem soliden Fachwis-sen und zumindest einer mittleren Ausprägung bei den übri-gen Faktoren mitbringen.

Für eine Fachkarriere benötigen Sie kein ausgeprägtes Machtstreben, wohl aber eine hohe Leistungsbereitschaft und Intelligenz, gepaart mit einem sehr guten Selbstmanage-ment, damit Sie sich im Laufe Ihres Lebens mit hoher Diszip-lin umfangreiches und tiefes Fachwissen aneignen können.

> **Aufgabe 5:** Prüfen Sie Ihre Einstiegsposition und Ihre angestrebte Laufbahn auf Ziel-Profil-Passung. Bietet Ihre Arbeitssituation die Möglichkeit, Ihre Motive und Eigenschaf-ten, Ihre Fähigkeiten und Ihr Wissen einzusetzen und zu entwickeln? Was können Sie an Ihrem Karriereziel oder an Ihrem Karriereprofil beeinflussen?

Ist Karriere Zufall?

Es gibt günstige Zufälle und glückliche Momente, die eine Karriere beeinflussen. Im Nachhinein betrachtet, erscheint so manche Karriere sogar eher zufällig als geplant. Einige der außergewöhnlichsten Karrieren haben ohne Karriereplan stattgefunden. Wer sich jedoch nur auf das Glück oder den Zufall verlässt, wird es nicht weit bringen. Es gilt, für einen unerwarteten Moment gut vorbereitet zu sein. Aber wie kön-nen Sie sich darauf vorbereiten? Fangen Sie systematisch bei den neun beschriebenen Karrierefaktoren an. Wie groß ist Ihr Einfluss auf die einzelnen Karrierefaktoren?

Auf welche Karrierefakto-ren haben Sie Einfluss?

Zuerst die ernüchternde Gewissheit aus 150 Jahren psy-chologischer Forschung: Motive wie Machtstreben und Leis-tungsbereitschaft und auch Persönlichkeitseigenschaften wie Intelligenz und emotionale Stabilität sind im Erwachse-nenalter kaum noch veränderbar. Diese Merkmale entwickeln sich beim Menschen schon sehr früh, und sie machen Sie zu der Person, die Sie heute sind.

Ihre Motive und Eigenschaften können Sie nicht wirklich verändern.

Dabei haben Ihre Motive und Eigenschaften und natürlich auch die Motive und Eigenschaften Ihrer Eltern eine Len-kungsfunktion in Ihrem Leben. Sie haben Einfluss auf Ihre Schul-, Studien-, Berufs- und Arbeitgeberwahl sowie auf die Wahl Ihrer Freunde und Ihres Partners.

Reflektieren Sie Ihre Motive und Ihre Eigenschaften. Wenn Sie bislang nicht bewusst darauf geachtet haben, dass das, was Sie tun und wo Sie es tun, zu Ihnen passt, sollten Sie jetzt damit anfangen. Sie werden weder zufrieden noch glücklich noch erfolgreich sein, wenn Sie zum Beispiel gegen Ihre Motive und Eigenschaften eine Managementkarriere planen. Genauso wenig erfolgreich und zufrieden werden Sie in einer Fachkarriere, wenn Ihnen zum Beispiel die nötige Intelligenz oder die erforderliche Selbstmanagementfähigkeit fehlt.

Defizite durch Trainings reduzieren

Und jetzt die gute Nachricht: Sie müssen Ihre Karriereziele bei einer eher schwachen Ausprägung einzelner Karrierefaktoren nicht sofort über Bord werfen. Sie haben sehr wohl einen gewissen Einfluss auf einzelne Faktoren.

Ein schwach entwickeltes Machtstreben lässt sich zwar nicht wesentlich steigern, aber Sie können Ihre Kommunikations- und Selbstdarstellungsfähigkeit trainieren. Damit lernen Sie selbstbewusster aufzutreten und sich besser durchzusetzen. So werden Sie vielleicht nicht die beste Führungskraft, aber wahrscheinlich ein ganz guter Team- oder Projektleiter. Lesen Sie in den beiden Crashkursen *Selbstdarstellung* und *Kommunikation,* wie Sie die jeweilige Fähigkeit trainieren und entwickeln können. Sie können auch die Fähigkeit, sich selbst zu motivieren und damit Ihre Leistungsbereitschaft steigern. Über die Kunst der Selbstmotivation erfahren Sie mehr im Crashkurs *Selbstmotivierung.*

Wenn Sie mit einem guten Selbstmanagement kontinuierlich und konsequent Ihr Fachwissen ausbauen und Ihre Konzentrations- und Merkfähigkeit steigern, können Sie Schwächen in Ihrer Intelligenz ausgleichen. Damit schaffen Sie sich ein gutes Fundament, um im Konkurrenzkampf zu bestehen. Im Crashkurs *Selbstmanagement* lernen Sie ein Trainingsprogramm kennen, mit dem Sie sich selbst besser managen und Ihre Zeit besser nutzen können. Sie können auch den Glauben an sich selbst und damit Ihre Selbstsicherheit entwickeln. Im Crashkurs *Selbstwirksamkeit* finden Sie ein Trainingsprogramm dazu.

Sie können also ganz schön viel tun, damit Ihre Karriere

Sie haben Einfluss auf Ihre Selbstdarstellung, die Selbstmotivation, Ihre Kommunikation, die Selbstwirksamkeit und Ihr Selbstmanagement.

kein Zufall bleibt. Lernen Sie dazu noch einen weiteren wichtigen Schlüssel zum Erfolg kennen.

Der Schlüssel zum Erfolg

Menschen können im Allgemeinen viel mehr, als sie glauben. Der führende Talentforscher, der Psychologe Anders Ericsson, hat herausgefunden, was nötig ist, um herausragende Fähigkeiten auf einem Gebiet zu entwickeln. Eine Neigung, Disziplin und 10.000 Stunden Übung. Einzige Voraussetzung ist, dass Sie körperlich und geistig gesund sind.

Die Erfolgsformel: eigentlich ganz einfach

Je früher im Leben Sie eine Neigung für eine bestimmte Tätigkeit oder ein bestimmtes Thema entdeckt haben, und je früher Sie damit angefangen haben, intensiv und diszipliniert für dieses Thema zu lernen oder die Tätigkeit auszuüben, desto besser sind Sie heute darin. Besonders offensichtlich wird das bei Spitzensportlern wie zum Beispiel dem Tennisprofi Roger Federer und Künstlern wie beispielsweise dem Geiger David Garrett.

Lesen Sie einmal eine entsprechende Biografie. Sie werden die Mechanismen des Erfolgs erkennen, die die moderne Hirnforschung mittlerweile auch experimentell beweisen kann: Je früher ein Mensch damit anfängt, einer Tätigkeit intensiv und diszipliniert nachzugehen, desto stärker bilden sich im Gehirn Strukturen aus, die die wachsenden Fähigkeiten hirnorganisch abbilden. Zum Beispiel sind Teile der Hörrinde bei Profimusikern größer als bei Nichtmusikern.

Das menschliche Gehirn ist bei Neugeborenen so stark vernetzt wie nie mehr danach. Das Nervennetz organisiert sich entsprechend der einfallenden Sinneseindrücke und nicht benötigte Verbindungen werden gekappt. Wer früh mit etwas beginnt, kann deshalb in fast allem ungewöhnlich gut werden. Kinder müssen allerdings Freude an der Tätigkeit fin-

Ohne Spaß bei der Sache werden Sie keinen Erfolg haben.

den, denn ohne Spaß fehlt die Bereitschaft, täglich mehrere Stunden zu üben.

Nun lässt sich die Uhr nicht zurückdrehen. Sie sind heute kein Neugeborener mehr. Ihr Gehirn hat sich soweit organisiert. Und Sie werden wahrscheinlich objektiv betrachtet nicht die Zeit dazu haben, an sieben Tagen in der Woche viele Stunden eine Sportart zu trainieren, ein Musikinstrument zu spielen oder sich in ein spezielles Thema einzuarbeiten – so wie es eben hochkarätige Wissenschaftler, Profimusiker oder Spitzensportler seit frühester Kindheit getan haben und heute noch tun. Deren Übungsvorsprung holen Sie nicht mehr auf.

Aber es geht hier ja auch nicht darum, besser Geige zu spielen als David Garrett. Die Tür zu herausragenden Fähigkeiten und damit zu beruflichem Erfolg steht Ihnen nach wie vor offen. Denn die Gehirnstruktur ist auch im Erwachsenenalter formbar. Neue Reize führen zu neuen Nervenverbindungen, auch wenn es langsamer geht, bis sich diese Verbindungen bilden. Und Sie haben als Berufseinsteiger noch eine Menge Lebensjahre vor sich, in denen Sie mehr als 10.000 Stunden für das einsetzen können, was Ihnen wirklich etwas bedeutet, sei es ein Spezialthema in einer Fachkarriere oder ein Führungsthema in einer Managementkarriere.

Haben Sie ein Gefühl dafür, wie lang 10.000 Stunden sind? Machen Sie sich ein Bild von 10.000 Stunden. Sie arbeiten in der Regel durchschnittlich acht Stunden am Tag, 40 Stunden in der Woche, 160 Stunden im Monat und circa 1.840 Stunden im Jahr, vorausgesetzt Sie nehmen sechs Wochen Urlaub und werden nicht krank. Das heißt, Sie arbeiten rund fünf Jahre, um 10.000 Stunden Berufserfahrung zu sammeln.

Im beruflichen Alltag sind Sie jedoch nicht mit 100-prozentiger Konzentration bei einem Thema. Sie müssen mit vielen menschlichen und organisatorischen „Ablenkungen" umgehen, die Sie vom eigentlichen Themenkern abhalten. Um Fachwissen aufzubauen, Zusammenhänge tiefer zu verstehen und dadurch ein Experte auf Ihrem Gebiet zu werden oder aber Führung zu lernen, müssen Sie deshalb auch außerhalb Ihrer Erwerbsarbeit Zeit und Energie investieren und diszipliniert arbeiten, lesen oder trainieren. Immer vorausgesetzt, dass Sie das wollen.

Deshalb wird niemand gegen die eigenen Vorlieben her-

Haben Sie ein Gefühl dafür, wie lang 10.000 Stunden sind?

ausragende Fähigkeiten aufbauen können. Denn ohne echten Spaß an einer Tätigkeit schaffen Sie das nötige Arbeitspensum nicht, um gut zu werden. Das ist ganz einfach zu erklären. Ihre Energie fließt dahin, wo Ihre Aufmerksamkeit ist. Und Ihre Aufmerksamkeit ist bei den Dingen, die Ihnen Spaß machen. Denn wenn Sie Spaß haben, wird Ihr Belohnungszentrum im Gehirn aktiv, und Sie fühlen sich gut. Das ist ein Schlüssel zum Erfolg.

Haben Sie beispielsweise schon immer gern die Führung übernommen? Als Kapitän in der Fußballmannschaft, als Klassensprecher in der Schule oder in einem Arbeitskreis während des Studiums? Dann haben, Sie gute Voraussetzungen, um es in einer Managementkarriere weit zu bringen.

Oder haben Sie sich bereits seit frühester Kindheit intensiv mit einem fachlichen Thema beschäftigt? Vielleicht haben Sie schon als Fünfjähriger stundenlang Vögel und Insekten und andere Tiere beobachtet. Das kann eine gute Grundlage für eine Fachkarriere sein.

Aus der Praxis

Wie viele Stunden sitzen Sie durchschnittlich an einem normalen Werktag vor dem Fernsehgerät? Laut einer Umfrage des Instituts für Demoskopie Allensbach von Juni 2009 schaut mehr als die Hälfte aller Deutschen (57 %) mindestens zwei Stunden fern am Tag. Mehr als ein Viertel der Leute (27 %) schaut sogar mindestens vier Stunden in die Glotze. Vier Stunden am Werktag, ohne Wochenende, entspricht 20 Stunden in der Woche, 1.040 Stunden im Jahr. Zeit, die Sie zum Aufbau eines fundierten Fachwissens verwenden können.

Und noch etwas ist zu beachten: Sie können nicht in zwei Dingen gleichzeitig herausragend werden. Zwischen Erfolg und Misserfolg entscheidet die Konsequenz, mit der Sie Ihr Ding tun. Parallel eine Managementkarriere und eine Fachkarriere erfolgreich aufzubauen ist nahezu ausgeschlossen. Entscheiden Sie sich, und konzentrieren Sie sich auf ein Thema zu 100 Prozent. Verlieren Sie jedoch das Ganze nicht aus den Augen.

Auf dem Weg des beruflichen Erfolgs werden Sie auch Durchhänger haben. Sie werden auf Widerstände treffen und sich die eine oder andere Verlockung versagen müssen. Wie

Zwischen Erfolg und Misserfolg entscheidet die Konsequenz, mit der Sie Ihr Ding tun.

Sie sich in solchen Phasen selbst motivieren können, lesen Sie im zweiten Crashkurs. Sie lernen, wie Sie mit Widerständen umgehen können und wie Sie den inneren Schweinehund besiegen.

CRASHKURS: SELBSTMOTIVIERUNG

Motivation treibt Sie an.

Von nichts kommt nichts. Eine der wichtigsten persönlichen Voraussetzungen für beruflichen Erfolg ist Ihre Leistungsbereitschaft. Dieses Motiv zeigt sich in dem Bestreben, gute Leistung zu erbringen und unter Beweis zu stellen. Je höher Ihr Leistungsmotiv ausgeprägt ist, desto größer ist Ihre Bereitschaft, sich anzustrengen, und Ihr Wille, Schwierigkeiten zu überwinden.

Wille hilft Ihnen, Schwierigkeiten zu überwinden.

Leistungsmotivierte Menschen benötigen keine äußeren Anreize. Sie sind aus sich heraus beharrlich, engagiert, lernbereit, zielstrebig, zuversichtlich, fleißig und diszipliniert. Sie haben Spaß am Arbeiten und keine Angst vor schwierigen Aufgaben. Menschen mit einer hohen Leistungsmotivation stellen hohe Anforderungen an die eigene Leistung, empfinden schwierige Aufgaben als Herausforderung und gehen gerne an ihre Leistungsgrenzen.

Wenig leistungsmotivierte Personen haben hingegen einen geringen oder keinen Ehrgeiz, hohen Ansprüchen zu genügen. Sie erledigen Aufgaben ohne besonderes Engagement. Werden Aufgaben zu schwierig, geben sie schnell auf. Wie steht es um Ihre Leistungsmotivation? Testen und trainieren Sie Ihre Fähigkeit, sich selbst zu motivieren.

Ihre Energiequelle

Die folgenden zehn Fragen sollen Ihnen helfen, Ihr Leistungsmotiv einzuschätzen. Nehmen Sie Ihr Ergebnis wieder als Anhaltswert und Grundlage für weitere Überlegungen, es basiert nicht auf einem validierten psychologischen Test. Wenn Sie an einem wissenschaftlich fundierten Test zu Ihrem Leistungsmotiv interessiert sind, können Sie sich bei einem Diplom-Psychologen professionell testen lassen.

Finden Sie Ihren Weg zwischen Burn-out und Low Performing.

Bei der Beantwortung der zehn Fragen gibt es keine richtigen oder falschen Antworten. Überlegen Sie daher nicht,

54

welche Antworten den besten Eindruck machen könnten. Kreuzen Sie spontan das an, was Ihrer Einstellung und Empfindung entspricht. Sie profitieren am meisten, wenn Sie die Fragen ehrlich beantworten.

Nach der Auswertung klären Sie: Wie haben Sie sich selbst eingeschätzt? Wie stark ist Ihr Leistungsmotiv? Verfügen Sie über eine eher stark ausgeprägte Leistungsorientierung?

Zehn Fragen zur Leistungsmotivation		Trifft zu	Trifft nicht zu
1	Ich finde, es lohnt sich, sich über das normale Maß hinaus zu engagieren.		
2	Schwierige Aufgaben empfinde ich als eine Herausforderung.		
3	Ich bin mit meiner Leistung nur dann zufrieden, wenn sie besser als der Durchschnitt ist.		
4	Ein Ergebnis befriedigt mich erst dann, wenn ich alles dafür gegeben habe.		
5	Ich engagiere mich oft über das erforderliche Ausmaß hinaus.		
6	Mein Motto lautet: Ich gebe immer alles.		
7	Ich stelle hohe Anforderungen an meine eigene Leistung.		
8	Menschen, die sich nur wenig für eine Aufgabe einsetzen, verstehe ich nicht.		
9	Ich gehe gerne an meine körperlichen und geistigen Leistungsgrenzen.		
10	Wer sich im Leben besonders engagiert und Einsatz zeigt, hat mehr davon.		

Auswertung Leistungsmotivation	
Weniger als fünf Mal *Trifft zu*	Sie haben ein eher schwach ausgeprägtes Leistungsmotiv und neigen dazu, nur das Nötigste zu tun, um eine Aufgabe zu erledigen. Sich selbst zu motivieren und aus sich heraus diszipliniert auch an schwierigen Aufgaben dranzubleiben, fällt Ihnen schwer.
Mehr als fünf Mal *Trifft zu*	Sie haben ein eher stark ausgeprägtes Leistungsmotiv und neigen dazu, einen hohen Anspruch an die eigene Arbeit zu stellen. Sich selbst zu motivieren und aus sich heraus diszipliniert auch an schwierigen Aufgaben dranzubleiben, fällt Ihnen leicht.

Dann sollten Sie darauf achten, dass Sie es mit Ihrem Engagement nicht übertreiben und in die *Burn-out-Falle* geraten.

Ist Ihr Leistungsmotiv hingegen eher schwach ausgeprägt, müssen Sie sich mehr ins Zeug legen, damit Sie nicht als *Low Performer* identifiziert und gefeuert werden.

Trainingsprogramm Selbstmotivierung

Die Grundlagen für das Leistungsmotiv werden vor allem durch elterliche und kulturelle Einflüsse in der Kindheit gelegt. In der deutschen Kultur herrscht eine protestantische Ethik und damit die Einstellung vor, dass der es zu etwas bringen kann, der hart arbeitet.

Wie war das in Ihrer Familie? Als Kind lernen Sie durch Beobachtung das Leistungsverständnis Ihrer Bezugspersonen kennen und übernehmen es unbewusst. Kinder bekommen mit, wie Vater und Mutter morgens aufstehen, zur Arbeit gehen und was sich die Familie mit dem verdienten Geld leisten kann. Anhand der Alltagsdinge wie Nahrung, Kleidung, Wohnung, Auto oder Urlaub merken Kinder, ob sich die Leistung der Eltern lohnt. Kinder beobachten zudem Lehrer und die Eltern der Mitschüler, Personen in der Öffentlichkeit und Vorbilder in den Medien. Je nachdem, welches Bild der Arbeit Sie geprägt hat, erleben Sie Arbeit eher als Lust oder als Last und Leistung eher als lohnend oder als vergebens.

Die drei Hauptmotive, die Menschen antreiben, sind: Beziehung, Macht und Leistung.

Einen großen Einfluss auf Ihr Leistungsmotiv haben Sie im Erwachsenenalter in der Regel nicht mehr, aber Sie können Ihre Fähigkeit trainieren, sich selbst besser zu motivieren. Dazu lohnt es sich, die Erkenntnisse der Motivationspsychologie anzuschauen und zu erkennen, dass eine erfolgreiche Selbstmotivierung von einer subjektiven Bedürfnisbefriedigung abhängt. Menschen unterscheiden sich in ihren Bedürfnissen, und jeder Mensch sieht die Welt um sich herum durch seine subjektive Bedürfnisbrille. Durch welche Bedürfnisbrille schauen Sie? Welche Bedürfnisse wollen Sie am ehesten befriedigt haben?

Menschen mit einem Beziehungsmotiv, einem stark ausgeprägten Geselligkeitsbedürfnis, werden zum Beispiel verschiedene Lebenssituationen vor allem danach bewerten, ob sie die Möglichkeit bieten, mit anderen Menschen in Kontakt zu kommen, und entsprechende Situationen aufsuchen. Gesellige Situationen wirken motivierend auf diese Menschen.

Menschen mit einem Machtmotiv, einem stark ausgeprägten Beeinflussungsbedürfnis, werden verschiedene Lebenssituationen hingegen vor allem danach aussuchen, ob sie die Möglichkeit bieten, auf andere Menschen Einfluss zu nehmen.

Wer das Bedürfnis nach Spaß befriedigen will, wird lustorientiertes Handeln als motivierend bewerten.

Trainingsprogramm Selbstmotivierung	
Trainingseinheit 1	Motivierendes Umfeld schaffen: Gestalten Sie sich Ihr Umfeld entsprechend Ihrem stärksten Grundmotiv. Suchen Sie sich einen Sparringspartner, mit dem Sie sich messen und so Ihr Wettbewerbsmotiv ausleben können. Arbeiten Sie im Team, um Ihr Geselligkeitsmotiv zu befriedigen. Gönnen Sie sich mit Ihrem ersten Gehalt ein Fünfgänge-Menü in einem Edelrestaurant, um Ihr Statusmotiv auszuleben. Sich ein persönlich motivierendes Umfeld zu schaffen, ist ein starkes Instrument der Selbstmotivierung.
Trainingseinheit 2	Ziele setzen: Die Frage nach der Motivation ist die Frage nach dem Wozu? Wozu wollen Sie beruflich erfolgreich sein? Ihre Ziele müssen zu Ihnen passen. Wenn Sie ein Ziel auf Drängen von außen übernehmen, werden Sie weniger Energie aufbringen. Welche Ziele haben Sie kurz-, mittel- und langfristig? Planen Sie, was Sie bis wann wie erreichen wollen, und schreiben Sie es auf! Mithilfe kleiner Was-Wann-Wie-Pläne können Sie Ihre Absichten leichter in konkrete Handlungen verwandeln. Sich Ziele zu setzen und planvoll umzusetzen, gilt als eines der wirkungsvollsten Instrumente der Selbstmotivierung. Lesen Sie dazu mehr im Crashkurs *Selbstmanagement*.
Trainingseinheit 3	Motivieren Sie sich durch innere Bilder: Visualisieren Sie anstehende Aufgaben minutiös vor Ihrem inneren Auge. Stellen Sie sich vor, wie Sie die Aufgabe bereits bewältigt haben, mit allen denkbaren Details. Spüren Sie in sich, wie erleichtert, stolz und gut Sie sich fühlen. Nach dieser Übung wird es Ihnen leichter fallen, mit der Arbeit loszulegen. Durch innere Bilder können Sie sich die motivierende Kraft von Zielen zunutze machen. Viele Wettkampfsportler motivieren sich durch Visualisierung des Sieges.
Trainingseinheit 4	Mit Widerständen umgehen: Ohne Willenskraft haben Sie Widerständen, Unterbrechungen, Fehlschlägen und Verlockungen nichts entgegenzusetzen. Ihre Willenskraft brauchen Sie vor allem bei konkurrierenden Wünschen und Zielen: Sie sind müde und würden am liebsten sofort schlafen gehen, aber Sie haben Ihrem Chef versprochen, die Präsentation bis morgen früh 8.00 Uhr fertigzustellen. In solchen Situation dürfen Sie dem Impuls zur Lustbefriedigung, dem *inneren Schweinehund,* nicht nachgeben. Wenn es um längerfristig zu erreichende Ziele geht, brauchen Sie zudem eine hohe *Belohnungsaufschubfähigkeit,* die Fähigkeit, auf eine unmittelbare Belohnung zugunsten einer späteren Belohnung zu verzichten.

Wer viel Geld verdienen will, sucht sich eine besonders gut bezahlte Arbeit. Und Menschen, die sich gerne mit anderen messen, werden Wettbewerbssituationen suchen. Um sich selbst zu motivieren, können Sie also ein Umfeld suchen oder gestalten, das dazu beiträgt, Ihre Bedürfnisse zu befriedigen.

Nehmen Sie Ihre Bedürfnisse wahr und ernst.

Das setzt voraus, dass Sie Ihre Bedürfnisse wahrnehmen, benennen und ernst nehmen. Mein Tipp: Tun Sie das unbedingt, denn unbewusst streben Sie sowieso danach, Ihre Bedürfnisse zu befriedigen. Wenn Sie sich einen Arbeitgeber und Aufgaben suchen, die Ihre Bedürfnisse befriedigen können, wird das auf Sie motivierend wirken.

Trainieren Sie Ihre Fähigkeit, sich selbst zu motivieren. Führen Sie dazu das Trainingsprogramm durch. Notieren Sie sich in Ihrem Trainingsbuch, mit welchen Trainingseinheiten Sie gut zurechtkommen und wo Sie noch Schwierigkeiten haben. Schreiben Sie sich auch auf, welche Selbstmotivierungserfolge Sie erzielen.

DER CHEF – UNTERSTÜTZER ODER GEGNER

Ab sofort haben Sie einen echten Chef oder eine echte Chefin, der oder die Ihnen gegenüber weisungsbefugt ist. Und dieser unmittelbare Chef ist für Sie die wichtigste Bezugsperson. Im fünften Kapitel erfahren Sie, auf welche Cheftypen und Führungsstile Sie sich einstellen müssen, und wie Sie mit unbequemen Chefs umgehen können. Außerdem erfahren Sie, wie Sie sich vor der Frustfalle Chef schützen.

Klären Sie auf den folgenden Seiten die drei Fragen:
1. Welchen Führungsstil hat mein Chef?
2. Wie kann ich konstruktiv mit ihm umgehen?
3. Was kann ich bei Frust tun?

Cheftypen und Führungsstile

Ihre Chefin oder Ihr Chef ist Ihre wichtigste Bezugsperson. Mit ihr vereinbaren Sie Ziele für Ihre Einarbeitung. Zu ihr gehen Sie, wenn Sie Probleme haben. Bei ihr fordern Sie ein, was Sie für Ihre Arbeit brauchen. Und sie ist die Person, die außer Ihnen selbst den größten Einfluss auf Ihre berufliche Zukunft nehmen kann und nehmen wird.

Der Chef ist Ihre wichtigste Bezugsperson.

Eine produktive und gute Beziehung zu Ihrem Chef ist ein wichtiges Fundament für Ihre Karriere. Es lohnt sich, dass Sie ihn besser kennenlernen. Was für einen Chef haben Sie und wie führt Ihr Chef?

Führt er seine Mitarbeiter überhaupt oder lässt er sie allein? Trifft er Entscheidungen oder bremst er Mitarbeiter aus? Koordiniert und delegiert er Arbeitsabläufe oder will er alles selbst machen? Übernimmt er Verantwortung oder schiebt er Fehler ab? Vertritt er seine Mitarbeiter gegenüber der Firmenleitung oder fällt er ihnen in den Rücken? Ist er als Ansprechpartner offen für Fragen oder zieht er sich zurück?

Als Orientierung für Ihre Einschätzung kann die Beschreibung des idealen Chefs dienen: Als Mitarbeiter wissen Sie genau, woran Sie mit ihm sind. Er verhält sich berechenbar, informiert transparent, überträgt Aufgaben und lässt Sie in der Verantwortung für diese Aufgaben. Ideale Chefs geben Ihnen konkretes, ehrliches Feedback zu Ihrer Leistung, sagen, wenn Sie etwas besonders gut gemacht haben, kritisieren aber auch, wenn eine Leistung nicht stimmt und unterstützen

Haben Sie den idealen Chef?

Sie dabei, dass Sie beim nächsten Mal besser sein können. Der ideale Chef vertraut seinen Mitarbeitern und traut ihnen etwas zu. Fehler macht er nicht zum Vorwurf, sondern er nimmt sie zum Anlass, wenn möglich, die Fehlerquellen zu beseitigen. Er trägt dazu bei, dass Sie als Mitarbeiter gut arbeiten können. Er ist selbstbewusst genug, sich mit starken Mitarbeitern zu umgeben, die fachlich besser sind als er, und er versteht es, die Zusammenarbeit so zu steuern, dass im Team Synergien entstehen und keine Rivalitäten. Er würde seine Hand für seine Mitarbeiter ins Feuer legen, und seine Mitarbeiter würden für ihn durchs Feuer gehen.

Lernen Sie verschiedene Cheftypen und Führungsstile kennen.

In der Praxis finden Sie solche Chefs nur sehr selten, dafür aber die unterschiedlichsten Cheftypen mit den unterschiedlichsten Führungsstilen. Um die Komplexität begreifbar zu machen, habe ich eine Cheftypologie mit fünf verschiedenen Cheftypen im Überblick zusammengestellt. Wie jede Typologie stellt auch diese eine Vereinfachung der Realität dar und nicht die Realität selbst. Aber Sie können daran erkennen, dass es Verhaltenspräferenzen bei Ihrem Chef gibt, und damit seine Verhaltensmuster greifbar machen.

Schauen Sie sich Ihren Chef einmal unter dem Blickwinkel der aufgeführten Kriterien an. Sie werden sehen, dass er, so wie Sie selbst, von Motiven, Eigenschaften und Fähigkeiten geleitet wird.

Der General

Der General: autoritärer Führungsstil

Sein Führungsstil ist autoritär. Er ist der uneingeschränkte Chef in der Abteilung. Er kann viel und weiß viel oder denkt das zumindest. Er entscheidet schnell und duldet keinen Widerspruch. Er hat eine hohe Aufgabenorientierung und trifft alle Entscheidungen selbst. Seine Mitarbeiter führen seine Anweisungen aus. Wer nicht funktioniert, wird ersetzt. Zu seinen Mitarbeitern pflegt er keine wirkliche Beziehung, eher ein Kommandoverhältnis. Von Mitarbeitern wird der General als kühl, unnahbar und hart erlebt.

Der Vater

Der Vater: patriarchalischer Führungsstil

Sein Führungsstil ist patriarchalisch. Er arbeitet schon lange im Betrieb und weiß viel über das Unternehmen. Er trifft die Entscheidungen, Widerspruch sieht er ungern. Seine Mitarbeiter führen seine Anweisungen aus. Wer nicht funktioniert, wird gemaßregelt, aber möglichst in der Familie gehalten. Zu seinen Mitarbeitern pflegt er ein väterliches Verhältnis. Von Mitarbeitern wird er als streng, aber beschützend erlebt.

Der Politiker

Sein Führungsstil ist demokratisch. Er ist der Moderator in der Abteilung. Er bezieht selten Stellung zu etwas, sondern versucht unterschiedliche Interessen im Sinne der Aufgabenerfüllung unter einen Hut zu bringen. Entscheidungen werden demokratisch getroffen. Mitdenken ist erwünscht. Wer nicht funktioniert, wird dem demokratischen Prozess unterworfen. Zu seinen Mitarbeitern pflegt er eine distanzierte Beziehung. Von Mitarbeitern wird er als wenig greifbar und entscheidungsschwach erlebt.

Der Politiker: demokratischer Führungsstil

Der Manager

Sein Führungsstil ist partizipativ. Er ist der Lenker in der Abteilung. Er weiß genau, welcher seiner Mitarbeiter was gut kann, und er versteht es, sie entsprechend ihrer Fähigkeiten gut einzusetzen. Er fügt seine Mitarbeiter zu Teams zusammen, die sich gegenseitig ergänzen. Er fordert seine Mitarbeiter dazu auf, mitzudenken und im Rahmen ihrer Aufgaben selbst zu entscheiden. Wer nicht funktioniert, wird qualifiziert. Zu seinen Mitarbeitern pflegt er eine offene und vertrauensvolle Beziehung. Von Mitarbeitern wird der Manager als fähige und faire Führungskraft erlebt.

Der Manager: partizipativer Führungsstil

Der Freund

Sein Führungsstil ist, soweit vorhanden, kooperativ. Er ist ein Mitarbeiter mit Vorgesetztenfunktion. Das Wichtigste ist ihm Harmonie in der Abteilung. Er hat eine hohe Mitarbeiterorientierung. Entscheidungen zu treffen fällt ihm schwer, weil er damit Tatsachen schaffen könnte, die jemandem nicht gefallen. Wenn ein Mitarbeiter nicht funktioniert, hat das in der Regel keine Auswirkungen – außer Unruhe im Team. Zu seinen Mitarbeitern pflegt er ein freundschaftliches Verhältnis. Von Mitarbeitern wird er als kumpelhaft und soft erlebt.

Der Freund: kooperativer Führungsstil

Der tatsächlich praktizierte Führungsstil eines Chefs liegt in der Regel auf einem Kontinuum zwischen einer autoritären, aufgabenorientierten Grundhaltung und einer kooperativen, mitarbeiterorientierten Grundhaltung. Praxistauglich ist jedoch weder der autoritäre General, der führt, indem er anordnet, noch der kooperative Freund, der von allen geliebt werden will.

Um Unternehmensprozesse voranzubringen, eignet sich am besten ein partizipativer Führungsstil, der entsprechend der Komplexität der Unternehmensrealität situativ ausgestaltet wird. Ein Chef muss sein Team fordern und fördern. Manchmal muss er auch durchgreifen wie ein General, beschützen wie ein Vater, ausgleichen wie ein Politiker oder zuhören wie ein Freund.

Die Kombination aus partizipativem Führungsstil und situativer Ausgestaltung nennt sich partizipativ-situativer Führungsstil. Mit ihm erreichen Chefs am meisten.

Ein guter Chef führt partizipativ-situativ.

> **Aufgabe 6:** Zu welchem Typ zählen Sie Ihren Chef? Welche Grundhaltung hat er und wie würden Sie seinen Führungsstil beschreiben? Bereits durch Ihre Antworten auf diese Fragen werden Sie Ihre Chef-Mitarbeiter-Beziehung positiv beeinflussen.

Studieren Sie den Lebenslauf Ihres Chefs. Sie können seine Vita als Plan nutzen, um ihn besser zu verstehen. Wie alt ist er, welche Qualifikationen bringt er mit, welche Unternehmen und Berufsstationen hat er durchlaufen, wie lange ist er schon im jetzigen Unternehmen und auf seiner Position? Fragen Sie Ihren Chef bei Gelegenheit nach diesen Dingen.

Lernen Sie Ihren Chef besser kennen – reden Sie mit ihm.

Erfahrungsgemäß erzählen Chefs gerne aus ihrem Leben. Wie sie damals selbst den Übergang vom Studium in den Beruf gemeistert haben, was sie schon alles geschafft und nach vorne gebracht haben, wie vielen ehemaligen Mitarbeiter sie bereits zu einer Karriere verholfen haben und vieles mehr. Diese Informationen können Sie bei der Planung Ihrer eigenen Karriere inspirieren. Außerdem erhalten Sie dadurch Anknüpfungspunkte für Gespräche mit Ihrem Chef. *Nutzen Sie Ihren Chef als Vorbild, wenn es nicht anders geht, als abschreckendes* (frei nach Albert Einstein).

Nutzen Sie Ihren Chef als Vorbild, wenn es nicht anders geht, als abschreckendes. (frei nach Albert Einstein)

Wenn Ihr Chef etwas dazu beiträgt, dass Sie gute Leistung erbringen können und Sie gerne für Ihn arbeiten, dann ist das ein gutes Zeichen für eine produktive Beziehung und eine ge-lungene Kommunikation. Wenn Sie jedoch bereits in den ers-ten Wochen Ihrer Anstellung merken, dass Ihr Chef ein schwieriger Typ mit einem undurchsichtigen Führungsstil ist, brauchen Sie Know-how, um Ihren Berufseinstieg und Ihr Kar-riereziel nicht zu gefährden.

Umgang mit unbequemen Chefs

Generell gilt, dass Sie mit Ihrem Chef, wie mit jedem anderen, respektvoll umgehen sollten. Sprechen Sie häufiger mit ihm als über ihn und wenn Sie über ihn sprechen, dann bewahren Sie 100-prozentige Loyalität. Lassen Sie sich durch Ihre Kolle-gen nicht dazu hinreißen, über Ihren Chef zu lästern. Läste-reien kommen immer auf irgendeinem Weg zurück – und zwar negativ verstärkt.

Sprechen Sie häufiger mit Ihrem Chef als über ihn.

Lästereien sind wie ein Bumerang, sie kommen immer zu Ihnen zurück.

Vertrauen ist die Basis für eine gute Zusammenarbeit. Die-ses Vertrauen erarbeiten Sie sich durch Loyalität und Glaub-würdigkeit. Erfährt Ihr Chef, dass Sie hinter seinem Rücken über ihn reden, haben Sie sein Vertrauen verspielt. Und wenn Sie das Vertrauen eines Menschen einmal verloren haben, ist es sehr, sehr schwierig, es zurückzugewinnen.

> **Praxistipp**
> Machen Sie sich folgende Maxime zur Richtschnur Ihrer Kommunikation: Reden Sie mit Menschen und nicht über Menschen. Wenn Sie nicht umhinkönnen, über Menschen in deren Abwesenheit zu sprechen, dann sagen Sie stets nur das, was Sie auch in deren Anwesenheit sagen würden.

In manchen Unternehmen gibt es für Berufseinsteiger in der Einarbeitungsphase beziehungsweise der Probezeit institutio-nalisierte Gespräche mit dem Chef: ein Einstiegsgespräch in der ersten Arbeitswoche, ein Zwischengespräch nach drei Monaten und ein drittes Gespräch am Ende der Probezeit. Sind diese Gespräche nicht vorgesehen, sollten Sie aktiv den Dialog mit Ihrem Chef suchen.

Gerade zu Beginn Ihrer Karriere ist ein frühes Feedback zu Ihrer Person und zu Ihrer Leistung wichtig für Sie, auch als Voraussetzung für eine gelungene Kommunikation mit Ihrem Chef. Sie werden nur dann ein guter Mitarbeiter, wenn Ihnen

Fordern Sie aktiv Feedback ein; nur dadurch können Sie sich entwickeln.

jemand, der es beurteilen kann, eine kritische Rückmeldung gibt, was Sie an Ihrem Auftreten und an Ihrer Arbeitsweise verbessern müssen. Und Ihr Chef wird nur dann mit Ihnen zufrieden sein können, wenn er merkt, dass Ihnen an der Verbesserung Ihrer Performance gelegen ist und Sie Feedback einfordern. Ohne diese Rückkoppelung zu Ihrem Chef schweben Sie im kommunikativen Vakuum und wissen nicht, woran Sie sind. Außerdem weiß Ihr Chef nicht, woran er mit Ihnen ist. Das verunsichert beide Seiten, und Verunsicherung ist nicht gerade vertrauensbildend.

Bereiten Sie sich auf Feedbackgespräche vor.

Bereiten Sie sich auf die Gespräche mit Ihrem Chef vor. Vergeuden Sie weder seine noch Ihre Zeit. Fertigen Sie sich dazu eine Checkliste an, auf der Sie Ihr Gesprächsziel und konkrete Fragen notieren. Was wollen Sie als Resultat des Gesprächs? Was können Sie im Gespräch konkret tun, was müssen Sie sagen, was können Sie fragen, um das gewünschte Resultat zu erreichen?

3-Punkte-Plan für die Vorbereitung von Feedbackgesprächen

1. Bereiten Sie für jedes Gespräch mit Ihrem Chef eine kurze Zusammenfassung dessen vor, was Sie bislang gearbeitet und gelernt haben, wo Sie sich noch mehr einbringen möchten und was Sie noch lernen möchten.
2. Notieren Sie sich für jedes Gespräch einige Fragen zur Unternehmensstruktur und Unternehmenskultur, zur strategischen Ausrichtung sowie zur Person und zu den Plänen des Chefs selbst. Stellen Sie diese Fragen im Gespräch.
3. Formulieren Sie im Vorfeld jedes Gesprächs mit Ihrem Chef Ihr persönliches Gesprächsziel. Was wollen Sie als Resultat des Gesprächs? Und wie werden Sie reagieren, wenn sich im Gespräch Hindernisse in den Weg stellen?

Loyalität und Rückkoppelung sind die Grundlagen für Vertrauen und damit für eine produktive und gute Beziehung zu Ihrem Chef. Als Neuer sind Sie darüber hinaus besonders dann gefordert, wenn Ihr Chef es Ihnen nicht leicht macht, loyal zu bleiben.

Was machen Sie, wenn Ihr Chef schwierig ist?

Bevor Sie ein solcher Chef in die Frustration und Resignation treibt, müssen Sie handeln. Beeinflussen Sie Ihren Chef – offen, transparent und immer im Sinne der Unternehmensziele. Sonst werden Sie Spielball seiner Launen sein. Schauen Sie sich die folgenden zehn Chef-Mitarbeiter-Situationen an und lesen Sie, wie Sie damit umgehen können.

Chef-Mitarbeiter-Situation	Wie Sie damit umgehen können
Ihr Chef hat kein offenes Ohr für Sie: Er ist nie da und hört Ihnen nicht zu.	Dranbleiben: Deutlich machen, dass die Rückkoppelung im Gespräch für beide Seiten wichtig ist. Gespräche einfordern; falls er sie nicht einhält, schaffen Sie informelle Gesprächsmöglichkeiten in der Kantine, auf dem Flur oder dem Parkplatz.
Ihr Chef ist ein Geheimniskrämer: Er schneidet Sie von Informationen ab.	Ohren auf: Informationen gezielt einfordern. Falls das nicht wirkt, zapfen Sie informelle Informationskanäle an. Fragen Sie Kollegen in anderen Abteilungen. Platzieren Sie sich strategisch in der Kantine und hören Seitengesprächen zu.
Ihr Chef traut Ihnen nichts zu: Er gibt Ihnen keinen Freiraum für Ihre Arbeit.	Selbstkritisch sein: Eigene Performance überprüfen. Arbeiten Sie zuverlässig, leistungsmotiviert, ordentlich und mit guter Qualität? Wenn dem nicht so ist, prüfen, ob Sie nicht können, dann Unterstützung einfordern, oder nicht wollen, dann hätten Sie dieses Buch nicht gekauft. Wenn Sie können und wollen, aber der Chef Sie an der kurzen Leine hält, lesen Sie weiter.
Ihr Chef führt Sie an der kurzen Leine: Er bestimmt alles allein.	Durch Leistung überzeugen: Deutlich machen, dass Handlungsspielraum zu besseren Leistungen führt. Fordern Sie Selbstverantwortung ein. Wenn er Vereinbarungen nicht einhält, gehen Sie informelle Wege, ohne Kompetenzen zu überschreiten. Übernehmen Sie kleine Aufgaben ohne sein Wissen. Überzeugen Sie mit guten Ergebnissen.
Ihr Chef trifft keine eindeutigen Aussagen: Er verhält sich entscheidungsschwach.	Nachhaken: Entscheidungen früh einfordern, damit Prozesse vorangehen können. Wenn er wichtige Entscheidungen trotzdem verzögert, gehen Sie informelle Wege, ohne Kompetenzen zu überschreiten. Treffen Sie kleine Entscheidungen selbst und stellen Sie den Chef vor vollendete, gute Tatsachen.
Ihr Chef scheut Konflikte: Er gibt Ihnen kein offenes und kritisches Feedback.	Wachsam sein: Rückkoppeln, das heißt im Gespräch dosiertes Feedback geben, dass Sie sich offene, kritische Rückmeldung wünschen, besonders bei Unstimmigkeiten. Ungeklärte Unstimmigkeiten sind Gift für Ihre Beziehung zum Chef.
Ihr Chef handelt unberechenbar: Er verhält sich in ähnlichen Situationen unterschiedlich.	Selbst vertrauen: So schnell und so viel wie möglich über das Unternehmen und Ihre Aufgaben lernen, damit Sie sich und Ihren Leistungen selbst vertrauen können und unabhängig werden. Geben Sie Ihrem Chef dosiert Feedback, welche Auswirkungen seine Unberechenbarkeit hat. Wenn sein Verhalten machtpolitisch motiviert ist, suchen Sie informelle Wege, um mehr Sicherheit zu erlangen. Orientieren Sie sich an der Performance anderer Führungskräfte und Kollegen.

Ihr Chef definiert unklare und unverbindliche Ziele: Er verhält sich sprunghaft.	Organisationsziele im Blick behalten: Geben Sie Ihrem Chef dosiertes Feedback über die Auswirkungen seiner Sprunghaftigkeit. Wenn sein Verhalten machtpolitisch motiviert ist, suchen Sie informelle Wege, um im Sinne der Organisationsziele handeln zu können. Suchen Sie das Gespräch mit Ihrem nächsthöheren Chef.
Ihr Chef schmückt sich mit Ihren Leistungen: Er stellt Ihre Leistungen als seine eigenen dar.	Selbstbewusst sein: Geben Sie Ihrem Chef dosiertes Feedback, dass Sie die Leistung erbracht haben. Wenn er sein Verhalten nicht ändern will, suchen Sie informelle Wege, um nachweisbar eigene gute Leistungen als solche darzustellen, zum Beispiel beim nächsthöheren Chef, bei Kollegen oder in der Nachbarabteilung.
Ihr Chef vertraut Ihnen nicht.	Selbstkritisch sein: Verhalten Sie sich Ihrem Chef gegenüber 100-prozentig loyal und glaubwürdig? Wenn ja, ist Gefahr im Verzug, denn ein grundlos misstrauischer Chef ist eine tickende Zeitbombe. Wenn nein, das heißt, wenn Sie sich so verhalten, dass Sie sich selbst nicht vertrauen würden, sollten Sie an sich selbst arbeiten.

Haben Sie es bemerkt? Wenn Sie einen guten Chef haben, werden Sie in keine der zehn geschilderten Situationen geraten. Denn ein guter Chef hört Ihnen zu und informiert Sie transparent. Er gibt Ihnen Freiraum für Ihre Arbeit, trifft eindeutige Entscheidungen und verhält sich berechenbar. Er definiert klare Ziele, löst Konflikte und geht ihnen nicht aus dem Weg. Er freut sich, wenn Sie gute Leistung bringen und stellt sie auch als Ihre dar. Ein guter Chef geht mit einem Vertrauensvorschuss in die Chef-Mitarbeiter-Beziehung.

In der Praxis gibt es leider nicht sehr viele gute Chefs; deshalb sollten Sie aufmerksam sein und sich bei allem, was Ihr Chef tut oder lässt, die Frage nach seinen Motiven stellen. Das ist besonders dann wichtig, wenn sein Verhalten unerwünschte Auswirkungen auf Sie und Ihre Karriere haben kann oder bereits hat.

Handelt Ihr Chef unbewusst und ohne Absicht, weil er es nicht besser weiß oder kann? Dann ist es relativ einfach für Sie, ihn zu unterstützen. Machen Sie ihn respektvoll darauf aufmerksam, was Sie als Berufseinsteiger und als sein Mitarbeiter von ihm brauchen, um gute Arbeit zu leisten.

Handelt Ihr Chef jedoch bewusst machtmotiviert mit verdeckten Motiven und manipulativen Handlungen, dann sind

Verhält sich Ihr Chef aggressiv?

vermutlich *Hidden Agendas* im Spiel. Für Sie heißt das: Vorsicht! Sie (und andere) sollen direkt oder indirekt geschädigt werden. Dann müssen Sie entscheiden, ob Sie weiter mitspielen oder sich ein neues Spielfeld suchen wollen. Über *Hidden Agendas* erfahren Sie im siebten Kapitel mehr.

Ob Ihr Chef Sie machtmotiviert, aggressiv, unabsichtlich oder aufgrund von Unfähigkeit behindert, die Auswirkung ist jeweils die gleiche. Sie werden frustriert. Und Frustration ist kein guter Karrierebegleiter.

Lesen Sie deshalb, was Sie machen können, wenn die Frustfalle Chef droht, Sie in die Resignation oder aus dem Unternehmen zu treiben.

Frustfalle Chef

Umfragen bestätigen es regelmäßig: Der unmittelbare Chef ist einer der Hauptfrustfaktoren. Statt dazu beizutragen, dass Sie als Karrierestarter gut einsteigen und gute Leistung bringen können, verhindert das so mancher Chef eher.

Das liegt daran, dass viele Chefs aufgestiegene Sachbearbeiter sind. Sie haben sich durch fachliche Arbeit hervorgetan. Deshalb wurden Sie befördert, meist ohne weiteres eigenes Zutun. Eigentlich wollen sie gar keine *Alpha-Player* sein, keine disziplinarische Verantwortung übernehmen und keine Mitarbeiter führen. Viel lieber übernehmen sie weiterhin fachliche Aufgaben. So entsteht entweder ein Führungsvakuum oder ein autoritäres Regime oder eine Mischung von beidem.

Ist Ihr Chef ein aufgestiegener Sachbearbeiter?

Gute Fachleute sind genau aus diesem Grund noch lange keine guten Führungskräfte. Der Cheftyp *aufgestiegener Sachbearbeiter* leidet oft selbst unter der Situation, und Sie als Berufseinsteiger leiden mit. Denn ein Team braucht eine gute Führung. Jemanden, der Ziele setzt, Entscheidungen trifft und die Zusammenarbeit steuert. Ansonsten saugt das Führungsvakuum alle Energie auf, wie ein schwarzes Loch. Oder das autoritäre Regime führt bei den Mitarbeitern zur inneren Kündigung und zum Dienst nach Vorschrift.

Ein Team braucht Führung.

Wenn Sie beim Übergang vom Studium in den Beruf einen Frustrator als Chef vorfinden, sollten Sie handeln, bevor Sie in die Demotivation, die Frustration und schließlich in die Resignation abgleiten.

Achtung: Frustration führt zu Resignation!

Ihre Einflussmöglichkeiten liegen auch in diesem Fall hauptsächlich im Bereich Ihrer eigenen Persönlichkeit, das heißt Ihrer inneren Haltung und Ihrem Verhalten. Prüfen Sie deshalb schnell, welche Haltung Sie Ihrer aktuellen Chef-Situation gegenüber einnehmen. Dabei können Sie zwei Grundhaltungen unterscheiden.

Fühlen Sie sich eher als Opfer der Umstände?

Die erste Grundhaltung kann wie folgt beschrieben werden: *Ich arme Sau, ich bin ein Opfer der Umstände, was soll ich bloß tun?* Diese Haltung nennen Persönlichkeitspsychologen die Lageorientierung. Menschen, die eher lageorientiert sind, fällt es schwer, bei Schwierigkeiten oder unter Stress an aktives Handeln zu denken. Sie konzentrieren sich sehr auf die derzeitige Lage und neigen dazu, sich selbst zu bedauern, zu zaudern und zu grübeln. Negative Bedingungen einer Situation akzeptieren sie vorschnell, und Sie finden sich damit ab, dass es *halt so ist* und dass *man da nichts machen kann.*

Oder glauben Sie, dass Sie etwas unternehmen können, um eine Situation zu ändern?

Die zweite Grundhaltung könnte wie folgt beschrieben werden: *Dumm gelaufen, aber kein Beinbruch. Ich halte mich an andere Leute im Unternehmen, schaue, wer die Meinungsführer sind und nehme mir diese als Rollenvorbilder und Mentoren.* Menschen mit dieser eher handlungsorientierten inneren Haltung neigen in schwierigen Situationen dazu, etwas zu tun, um ihre Lage zu verändern und zu verbessern. Sie ergeben sich nicht einem vermeintlichen Schicksal, sondern besinnen sich auf ihre Fähigkeiten. Handlungsorientierte Menschen glauben, dass es auch in schwierigen Situationen Lösungen gibt. *Das packe ich an, da kann ich etwas tun*, lautet Ihr Motto.

Welcher Grundhaltung ordnen Sie sich zu? Als handlungsorientierter Mensch werden Sie auch mit einem schwierigen Chef, der seine Mitarbeiter nicht führt, umgehen können. Sie werden eventuell einige Zeit benötigen, um die neue Situation in einem Unternehmen einschätzen zu können. Dann aber werden Sie handeln.

Für einen eher lageorientierten Karrierestarter besteht das Risiko, zu lange tatenlos zuzuschauen und im möglicherweise mikropolitischen Machtspiel einer führungslosen Abteilung zerrieben zu werden. Wenn Sie jetzt hellhörig geworden sind, können Sie den folgenden Handlungsplan gegen Frustration beachten.

5-Punkte-Handlungsplan gegen Frust

1. Sie können etwas tun! Sie müssen nicht so denken, wie Sie denken. Die Art, wie Sie denken, haben Sie gelernt. Und alles, was Sie einmal gelernt haben, können Sie auch wieder verlernen. Lesen Sie im Crashkurs *Selbstwirksamkeit* nach.

2. Orientieren Sie sich an Menschen, die in der gleichen Situation sind wie Sie, aber etwas anderes tun als Sie. Lernen Sie von diesen Menschen.

3. Lernen Sie, konstruktiv mit Widerständen umzugehen. Lesen Sie dazu im Crashkurs *Selbstmotivierung* nach, wie Sie Ihren Antrieb in frustrierenden Situationen behalten können.

4. Machen Sie sich bewusst, dass Sie eine gewisse Frustrationstoleranz benötigen, um schwierige Phasen auszuhalten. Machen Sie sich aber auch bewusst, dass jede schwierige Phase ein Ende hat beziehungsweise haben muss.

5. Überlegen Sie zwischendurch immer mal wieder, was das Schlimmste ist, was eintreten könnte. Das beruhigt. Denn es geht selten um Leben oder Tod.

Diese Handlungsanleitung gegen Frust können Sie natürlich auf alle Frustsituationen beim Übergang vom Studium in den Beruf übertragen.

Und damit sind wir bei den Kollegen. Wie Sie einschätzen lernen, wer Ihr Freund und wer Ihr Feind ist, vor wem Sie sich in Acht nehmen müssen, was Sie als Frau beim Berufseinstieg beachten sollten und was Sie bei Ärger am Arbeitsplatz machen können, damit daraus keine *Mobbingfalle* wird, lesen Sie jetzt.

DIE KOLLEGEN – FREUNDE ODER FEINDE

Statt Kommilitonen haben Sie jetzt Kollegen, mit denen Sie zusammenarbeiten müssen, ob Sie wollen oder nicht. Sie werden schnell merken, dass Sie es nicht jedem recht machen können, sondern sich Ihren eigenen Weg durch das Labyrinth menschlicher Mikropolitik bahnen müssen. Im sechsten Kapitel erfahren Sie, wie Sie sich schnell und gut in Ihr neues Team integrieren können und vor wem Sie sich in Acht nehmen müssen. Sie erfahren auch, worauf besonders Berufseinsteigerinnen achten sollten. Außerdem bekommen Sie Werkzeuge an die Hand, damit aus Ärger am Arbeitsplatz keine *Mobbingfalle* wird.

Klären Sie auf den folgenden Seiten die vier Fragen:
1. Wie kann ich mich möglichst schnell integrieren?
2. Vor welchen Kollegen muss ich mich in Acht nehmen?
3. Was muss ich als Frau besonders beachten?
4. Was mache ich, wenn es Ärger gibt?

Schnuppern, kuscheln, kämpfen

Ein menschliches Grundmotiv ist es, Teil einer Gruppe zu werden.

Sie verbringen mehr Zeit mit Ihren Kollegen als mit Ihren Freunden oder der Familie. Ein gutes und produktives Arbeitsumfeld ist deshalb nicht nur für den beruflichen Erfolg wichtig, sondern auch, um sich wohlzufühlen. Ein menschliches Grundmotiv ist es, Teil einer Gruppe zu werden. Nur wer sich in ein Team integriert fühlt und angenommen wird, kann im Unternehmen überleben und gute Arbeit leisten. Als Einzelkämpfer kommen Sie nicht weit.

Als Karrierestarter sollten Sie sich deshalb bereits im Vorfeld Ihres ersten Arbeitstages die Frage stellen, wie Sie sich in die Kollegengruppe integrieren und was Sie machen können, damit die anderen Sie aufnehmen. Wechseln Sie dazu einmal Ihre Blickrichtung.

Wechseln Sie einmal die Blickrichtung: Wie ist es für die Kollegen im Unternehmen, wenn Sie als Neuer dazukommen?

Die ersten Arbeitswochen im neuen Job fordern nicht nur Sie als Neuen heraus, sondern auch die, die bereits in der Abteilung etabliert sind. Das ist kein Wunder, denn Neues löst zunächst bei jedem Unsicherheit und Angst aus. Es könnte Gefahr drohen. Und in jedem Menschen, also auch bei Ihren neuen Kollegen, läuft in so einer Situation unbewusst das Überlebensprogramm ab, das Sie bereits aus Kapitel zwei *Die erste Arbeitswoche* kennen. Dieser Mechanismus hat sich im Lauf der Evolution tief im Stammhirn verankert. Als Folge ordnen auch Ihre Kollegen Sie als Neuen automatisch zwischen den Extremen *gut* oder *böse*, *stark* oder *schwach* und *aktiv* oder *passiv* ein und stellen sich viele Fragen: *Kann die Neue etwas besser als ich? Welche Absichten verfolgt sie? Kann sie mir gar gefährlich werden?*

Jeder Mensch macht sich zu jeder Zeit und in jeder Situation ein Bild über sich selbst und über andere. Sie vergleichen sich mit den Kollegen, und die Kollegen vergleichen sich mit Ihnen. Dabei schwingt das Vergleichspendel sensibel aus. Ist der andere besser gebildet, hat er den besseren Draht zum Chef, sieht er besser aus, kann er sich besser verkaufen und so weiter und so weiter.

> Sie vergleichen sich mit den Kollegen, und die Kollegen vergleichen sich mit Ihnen.

Ihr bloßes Dasein im Team kann für einige der Kollegen also schon einen Angriff darstellen, ob Sie das beabsichtigen und wahrnehmen oder nicht. Damit Ihnen vermeintliche Angriffe nicht zu Fallstricken werden, sollten Sie immer wieder einen Selbstbild-Fremdbild-Abgleich durchführen. Dabei prüfen Sie, ob das Bild, das Sie von sich selbst haben, mit dem Bild, das sich andere von Ihnen machen, übereinstimmt. Nutzen Sie dazu die folgenden fünf Fragen.

---

5 Fragen zum Selbstbild-Fremdbild-Abgleich

1. Wie sicher fühle ich mich/wirke ich?
2. Wie angemessen ist meine Selbstdarstellung, meine Kleidung und Ausdrucksweise, mein Auftreten und Benehmen?
3. Wie häufig rede ich über meine Arbeit?
4. Welche Aufgaben machen mir Spaß?
5. Welche beruflichen Ziele verfolge ich?

Beantworten Sie sich die Fragen zunächst selbst und erstellen Sie damit Ihr aktuelles Selbstbild. Danach holen Sie sich ein Fremdbild ein, indem Sie eine Person Ihres Vertrauens um Antworten auf die Fragen bitten. In einem dritten Schritt vergleichen Sie Ihre eigenen Antworten mit den Antworten Ihrer Vertrauensperson. Sie verfügen über eine realistische Selbsteinschätzung, wenn Ihr Selbstbild und das Fremdbild nicht allzu weit auseinander liegen. Dann haben Sie eine gute Basis für eine schnelle Integration in ein neues Team.

> Führen Sie einen Selbstbild-Fremdbild-Abgleich durch.

Eine unrealistische
Selbsteinschätzung ist
der Anfang vieler
Schwierigkeiten.

Bei einer größeren Selbstbild-Fremdbild-Abweichung sollten Sie zunächst eine zweite und dritte Einschätzung einholen. Bleibt es dabei, dass andere Sie ganz anders sehen, als Sie sich selbst, sollten Sie zunächst darüber nachdenken, ob dies Sie oder Ihre Karrierepläne beeinträchtigt. Eine unrealistische Selbsteinschätzung kann schnell zu Ablehnung im Team führen. Bedenken Sie, dass eine Gruppe, zu der ein neues Mitglied stößt, erfahrungsgemäß erst einmal aus dem Gleichgewicht gerät und sich neu justieren muss.

Als Neuer sind Sie erst einmal ein Störimpuls für die Gruppe.

Im Prozess der Neujustierung durchläuft die Gruppe drei Phasen, in denen Sie als Neuer entweder integriert werden oder nicht: die Schnupperphase, die Kuschel-Kampf-Phase und die Arbeitsphase. Wie lange dieser Prozess dauert – Wochen oder Monate –, hängt sowohl von Ihrer Persönlichkeit, der Zusammensetzung der Gruppe als auch von der Komplexität der gemeinsamen Aufgaben ab.

Als Neuer werden Sie entweder integriert oder abgelehnt.

Gelingt der Integrationsprozess, kann der oder die Neue bereits nach wenigen Wochen in der Gruppe anerkannt sein und wichtige Aufgaben verantwortlich übernehmen. Gelingt er nicht, kann dies zur Kündigung führen.

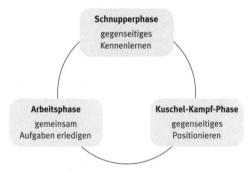

Die drei Phasen des Integrationsprozesses

Die Schnupperphase

Lernen Sie die anderen kennen und lassen Sie die anderen Sie kennenlernen.

In dieser ersten Phase beschnuppert man sich, lernt sich kennen, taxiert einander. Unsicherheiten werden abgebaut, indem man etwas über den anderen erfährt. Für Sie als Neuzugang ist es wichtig, selbst zu schnuppern, das heißt, Interesse an den anderen und deren Arbeitsfeld zu zeigen, Fragen zu stellen, zuzuschauen und zuzuhören. Ebenso wichtig ist es, dass Sie sich von den anderen beschnuppern lassen. Gehen Sie mit in die Kantine, stellen Sie sich in der Kaffeeküche dazu, nehmen Sie an Firmenveranstaltungen teil, zeigen Sie sich ansprechbar und gehen Sie auf Kollegen zu. Zu viel Zurückhaltung oder ein *Ich habe keine Zeit* blockiert den Kennenlernprozess. Damit stoßen Sie auf Ablehnung und machen sich die Integration ins Team unnötig schwer.

Beim Schnuppern geht es nicht darum, mit den neuen Kollegen gleich abends zum Biertrinken zu gehen oder Fragen nach privaten Details zu stellen und zu beantworten. Sie sind unter Kollegen und nicht unter Kumpeln. Aber es geht darum, zu zeigen, dass Sie sich ins Team integrieren wollen.

> Kollegen müssen keine Kumpel werden.

Ihr Chef kann Sie dabei übrigens unterstützen. Am ersten Tag sollte er Sie bei jedem Kollegen in der Abteilung persönlich vorstellen. Diese Einführung ist sehr hilfreich für einen guten Start. Wenn dieser Punkt nicht auf Ihrer Einladung für den ersten Arbeitstag steht, sollten Sie Ihren Chef danach fragen. Nachdem die ersten Unsicherheiten abgebaut sind, geht der Prozess in die zweite Phase über. Hier wird gekämpft und gekuschelt, gekuschelt und gekämpft.

Die Kuschel-Kampf-Phase

Nach dem Schnuppern kommt das Kämpfen. Die Hackordnung in der Gruppe wird neu ausgehandelt. Wo werden Sie in der Gruppenhierarchie stehen? Oben? Dann hören die anderen auf Sie. Mitte? Die anderen werden mit Ihnen gleichberechtigt zusammenarbeiten. Oder unten? Sie werden auf andere hören. Beim Kampf um Ihren Platz im Team geht es also darum, wie weit man bei Ihnen gehen kann, bevor Sie Grenzen setzen. Wie viel Sie mit sich machen lassen, bevor Sie Nein sagen. Das ist ein ganz natürlicher Aushandlungsprozess, den Sie bereits aus dem Sandkasten, dem Kindergarten, der Schule und der Hochschule kennen.

> Die Hackordnung in der Gruppe: oben, Mitte, unten

Gekämpft wird nicht mit Fäusten, sondern mit Aufmerksamkeit und Informationen, die man Ihnen zuteil werden lässt oder verwehrt, und mit der Zuteilung von Aufgaben, die mehr oder weniger wichtig sind. Achten Sie in der zweiten Phase darauf, dass Sie sich nicht zum nützlichen Idioten machen. Übernehmen Sie nicht zu viele Fleißaufgaben, sonst bleibt Ihnen keine Zeit und keine Kraft mehr für die wichtigen Aufgaben und für Ihre Karriereziele.

> Gekämpft wird mit Aufmerksamkeit und Informationen.

Setzen Sie Ihre Grenzen, lernen Sie Nein zu sagen.

Je nachdem, wie Sie bei den Stärksten in der Gruppe ankommen, werden die bislang Schwächsten in der Gruppe versuchen, sich an Sie ranzukuscheln und Sie als Verbündeten zu gewinnen, oder aber Sie herausfordern, um vielleicht bald nicht mehr selbst ganz unten in der Gruppe zu stehen. In der Kuschel-und-Kampfphase ist es für Sie als Einsteiger wichtig, klar Stellung zu beziehen, freundlich, aber bestimmt zu kommunizieren, sich abzugrenzen und Nein zu sagen, wenn Kollegen zu weit gehen. Und es wird Kollegen geben, die zu weit gehen. Denn manche Kollegen sind Kannibalen.

Achtung: Kollegen können zu Kannibalen werden.

Kannibalen kämpfen nicht nach dem Dschungelgesetz *Töte nur, um zu essen oder um nicht gegessen zu werden.* Besonders Kollegen, die sich durch Ihren Einstieg ins Unternehmen bedroht fühlen, weil Sie jünger und hübscher sind – das gilt speziell für Frauen im Assistenzbereich – oder weil Sie den besseren Masterabschluss haben, weil Sie der Chef bereits vor Ihrem Eintritt über den grünen Klee gelobt oder Ihnen das größere Büro gegeben hat, kämpfen mit unfairen Mitteln. Sie werden offen abgelehnt und ausgegrenzt. Sie werden bewusst desinformiert. Über Sie wird offen gelästert und man schwärzt Sie beim Chef an. Die – glücklicherweise seltene – Extremform dieser Ausgrenzung ist das *Mobbing.*

Menschen verhalten sich in vielen Dingen nicht anders als Affen.

Aus der Wissenschaft

Verhaltensforscher haben die Hierarchiebildung untersucht und herausgefunden, dass bei Menschen im Kampf um ihren Platz in der Gruppe die gleichen Merkmale eine Rolle spielen wie bei Schimpansen und Bonobos, unseren nächsten Verwandten im Tierreich. Die körperlichen Merkmale sind zentral. Kleine Menschen müssen sich ihre Autorität härter erarbeiten als große. Es ist kein Zufall, dass Topmanager häufig über 1,80 Meter groß sind. Männer und Frauen mit tiefen Stimmen stehen in der Gruppenhierarchie oft höher. Auch äußerliche Zeichen signalisieren den hierarchischen Rang: die Größe des Büros, die Automarke, die Kleidung, in manchen Unternehmen die Farbe der Tinte, mit der ein Chef unterschreibt. Bei Schimpansen hat der größte und stärkste Affe mit dem tiefsten und lautesten Gebrüll den höchsten Status. Das Alphatier nutzt auch häufig kräftige Äste, Steine oder andere Machtobjekte als äußerliche Zeichen für seinen hierarchischen Rang.

Sollten Sie nach den ersten 90 Arbeitstagen das Gefühl haben, dass Sie nicht ins Team reinkommen, dass Sie isoliert werden oder sich vielleicht auch selbst isolieren, dann ist Gefahr im Verzug. Gehen Sie sofort zu einem guten externen Coach, mit dem Sie die Situation reflektieren und Handlungsmöglichkeiten erarbeiten.

Sobald die Gruppenhierarchie und damit die Positionen im Wettkampf neu ausgehandelt sind, besteht untereinander erst einmal keine Konfliktnotwendigkeit mehr. Die Gruppe ist so weit wieder stabil im Gleichgewicht und kann in die nächste Phase eintreten, die Arbeitsphase.

Die Arbeitsphase

In dieser Phase wird gearbeitet, und zwar zusammen und produktiv. Jeder in der Gruppe weiß, wo Sie stehen und was Sie können. Und Sie wissen von jedem in der Gruppe, was er kann und wo er steht. Sie arbeiten mit Ihren Kollegen entsprechend der jeweiligen Fähigkeiten und Stellung gemeinsam an Aufgaben und Projekten.

> Jetzt wissen Sie von jedem, was er kann und wo er steht.

Sie verstehen sich mehr oder weniger gut mit den einzelnen Kollegen. Sie sind so weit in die Gruppe integriert und fühlen sich im Team angekommen. Ihre Aufgabe ist es jetzt, gut zu arbeiten, gut mit den Kollegen umzugehen, sich aus Flurfunk und Gerüchteküche rauszuhalten, Ärger am Arbeitsplatz frühzeitig zu erkennen und konstruktiv damit umzugehen sowie sich ein Netzwerk aus Unterstützern aufzubauen. Unterscheiden Sie dabei zwischen Freund und Feind.

Vor wem Sie sich in Acht nehmen müssen

Im Arbeitsumfeld haben Sie es mit Kollegen zu tun. Weder mit Kommilitonen noch mit Kumpeln. In Ihrer Abteilung und abteilungsübergreifend wird es Menschen geben, mit denen Sie sich gut verstehen, die Sie vielleicht sogar mögen. Sie werden aber auch mit Leuten zu tun haben, mit denen Sie sich nicht verstehen und die Sie nicht mögen.

Im Unterschied zur Hochschule, wo Sie sich Ihre Kommilitonen und Dozenten mehr oder weniger aussuchen können, müssen Sie im Beruf mit Ihren Kollegen zusammenarbeiten und gemeinsame Ergebnisse erzielen. Und Ihre Leistung hat konkrete, greifbare Konsequenzen für die ganze Abteilung,

Als Einzelkämpfer kommen Sie nicht weit.

Bauen Sie sich ein Netzwerk von Unterstützern auf.

Achtung: Es gibt Kollegen, mit denen Sie sich besser nicht verbünden sollten!

wahrscheinlich sogar für das ganze Unternehmen. Als Einzelkämpfer kommen Sie deshalb nicht weit. Für Ihren beruflichen Erfolg brauchen Sie ein Netzwerk aus Unterstützern in Ihrer Abteilung und über Ihre Abteilung hinaus. Menschen, die Sie fragen können, wenn Ihnen etwas fremd ist. Kollegen, denen Sie vertrauen können, wenn Sie Schwierigkeiten haben. Vorbilder, an denen Sie sich orientieren können.

Aber woher wissen Sie, mit wem Sie sich verbünden und wen Sie besser meiden sollten? Als Neuling sind Sie in der Regel völlig ahnungslos und wissen noch nicht, wer im Unternehmen formal und informell etwas zu sagen hat. Es besteht die Gefahr, dass Sie sich leichtfertig mit den falschen Leuten verbünden und dadurch schnell in eine Schublade gesteckt werden, aus der Sie nicht mehr so leicht rauskommen.

Zum Schutz davor habe ich im Folgenden eine Kollegentypologie zusammengestellt. Mit den beschriebenen acht Kollegentypen sollten Sie sich besser nicht einlassen.

Besserwisser

Sobald Sie im Gespräch mit einem Kollegen das Gefühl beschleicht, dass er alles besser weiß als Sie, als die Kollegen und natürlich auch als der Chef, sollten Sie aufpassen. Besserwisser werden überall als Plage empfunden. Meiden Sie sie, wo es möglich ist. Orientieren Sie sich an Kollegen, die ihr Wissen dann einbringen, wenn es gefordert und sinnvoll ist.

Verlierer

Diese Typen halten sich für die eigentlichen Genies im Unternehmen und ihre Chefs für inkompetent. Das werden sie Ihnen nicht verschweigen. Verlierer versuchen, Sie zum Verbündeten zu machen. Bleiben Sie auf Abstand, sonst werden auch Sie schnell zum Verlierer. Orientieren Sie sich an Kollegen, die wirklich etwas auf dem Kasten haben.

Lästermäuler

Lassen Sie sich von Kollegen, die ständig über ihr Unternehmen, ihre Vorgesetzten und Kollegen lästern, die tratschen und Gerüchte streuen, nicht zum Mitmachen verleiten. Halten Sie sich kommentarlos raus und von diesen Menschen fern. Orientieren Sie sich an Kollegen, die wertschätzend oder gar nicht über andere reden.

76

Bedenkenträger

Lassen Sie sich auch nicht zu sehr von den notorischen Nein-sagern in der Abteilung beeinflussen. Kollegen, die bei jedem Vorschlag den Spruch auf den Lippen haben, dass das so nicht geht, dass *wir das schon immer anders gemacht haben*, blockieren Innovation. Orientieren Sie sich an Kollegen, die offen für neue Gedanken sind. Sie erkennen diese Menschen an einem Warum-nicht-Denken. Bedenkenträger denken in Ja-aber-Kategorien.

Sklaventreiber

Manche Kollegen wollen Sie auch von der ersten Stunde an für ihre eigenen Zwecke einspannen. Lassen Sie sich nicht in-strumentalisieren. Helfen Sie Ihren Kollegen, aber machen Sie nicht deren Arbeit. Orientieren Sie sich an den Kollegen, die ihre eigenen Aufgaben selbst erledigen und Sie nur um Unterstützung fragen, wenn es brennt.

Minimalisten

Kollegen, die schon am Vormittag lustlos im Bürostuhl hän-gen und laut ihren Unmut über das Arbeiten äußern, sind *Low Performer*. Sie arbeiten nur das Nötigste. Ihre Ziele sind der Feierabend, das Wochenende und der nächste Urlaub. Um im Unternehmen nicht allein dazustehen, suchen sie Verbün-dete – besonders unter den Neulingen. Fallen Sie nicht darauf rein. Orientieren Sie sich an denen, die Spaß an der Arbeit haben, die Lust an der Leistung zeigen und die Sie mitreißen.

Workaholics

Kollegen, deren Arbeitsverhalten durch krankhaft überstei-gerten Arbeitseinsatz gekennzeichnet ist, machen sich und andere kaputt. Lassen Sie sich durch diese Menschen nicht anstecken. *Workaholism* ist eine Suchterkrankung, die allzu oft mit *Burn-out* endet. Orientieren Sie sich an den Kollegen, die eine hohe Leistungsmotivation haben und ein großes Ar-beitspensum schaffen, die aber auch ein Privatleben pflegen und über ihre Freizeit oder die Familie erzählen.

Opportunisten

Kollegen, die zu allem und jedem Ja sagen, die ihr Fähnchen in den Wind hängen und keinen eigenen Standpunkt vertreten, sind selten die Leistungsträger in einer Abteilung. Orientieren Sie sich an Kollegen, die eine eigene Meinung haben und diese auch vertreten.

Es ist nur natürlich, dass jeder Mensch die Welt und seine Arbeit durch die eigene Brille sieht. Und in der Regel vertreten Menschen die Ansicht, dass die Art, wie sie sind und wie sie arbeiten, die einzig richtige ist. Deshalb wird auch jeder einzelne Ihrer neuen Kollegen bewusst oder unbewusst versuchen, Sie auf seine Seite zu ziehen.

Grenzen Sie sich von unangenehmen Kollegen ab. Lassen Sie sich möglichst selten mit ihnen sehen. Denn wenn Sie von den wirklich wichtigen Menschen im Unternehmen zu häufig mit den falschen Typen gesehen werden, sind Sie ganz schnell in der gleichen Schublade. Außerdem besteht das Risiko, dass Sie sich tatsächlich an deren Einstellung und Verhaltensweisen anpassen.

Aus Bedenkenträgern werden keine Leistungsträger.

Und noch ein Tipp: Versuchen Sie nicht, Kollegen zu bekehren. Frisch aus dem Studium und heiß auf die Praxis, sind Sie vielleicht hoch motiviert und haben den Antrieb, aus Bedenkenträgern und Minimalisten Leistungsträger zu machen. Lassen Sie das sein. Erstens klappt das nicht und zweitens machen Sie sich damit nur Feinde.

Reflektieren Sie einmal Ihr eigenes Weltbild. Welche Vorstellung haben Sie davon, wie Menschen sind, und welches Bild der Arbeit haben Sie?

> **Aus der Wissenschaft**
> In fast allen europäischen Sprachen kennt man zwei differenzierende Bezeichnungen für Arbeit. Im Lateinischen *labor* und *opus,* im Französischen *travail* und *œuvre,* im Deutschen *Arbeit* und *Schaffen.* Ihnen lassen sich zwei Grundbedeutungen zuordnen: Arbeit im Sinne von *labor* und *travail* meint Mühen, Qual, Last und Not, Arbeit im Sinne von *opus* und *œuvre* dagegen das aus Freiheit geschaffene Werk.

Orientieren Sie sich an den richtigen Kollegen.

Wer beruflich erfolgreich sein möchte, sollte sich an den Kollegen orientieren, die ein fundiertes Fachwissen haben. Die ihre Kenntnisse dann einbringen, wenn es gefordert und sinnvoll ist. Die wertschätzend oder gar nicht über andere reden. Die eine Warum-nicht-Einstellung haben und Innovation begrüßen. Die eine eigene Meinung vertreten. Die ihre Arbeit selbst erledigen, eine hohe Leistungsmotivation haben und trotz eines hohen Arbeitspensums auch über andere Dinge reden als nur über die Arbeit.

Was Frauen beachten sollten

Die Zeiten haben sich geändert. Frauen stehen heute formal die gleichen Karrierewege offen wie Männern. Die Details des Alltags in Ausbildung, Studium und Beruf sind jedoch noch immer von vielerlei geschlechterspezifischen Unterschieden geprägt. Sie zu ignorieren, kann die Karriere gefährden.

Machen Sie sich zunächst einmal klar: Ihre Karriere sollte von Ihrer Leistung abhängen, nicht von Ihrem Geschlecht! Machen Sie sich allerdings auch klar, dass Sie womöglich etwas mehr Leistung bringen müssen als Ihre männlichen Kollegen.

Bleiben Sie sich und Ihrem Stil auf jeden Fall treu, ahmen Sie die Männer nicht einfach nach. Denn damit geht Glaubwürdigkeit und Akzeptanz verloren. Überlegen Sie, ob Sie auf die Stärken zurückgreifen können, die statistisch betrachtet vor allem Frauen haben, und setzen Sie sie ein: Frauen sind zum Beispiel in der Regel besser in der Lage, gleichzeitig mehrere Aspekte in eine Entscheidung einfließen zu lassen. Während die meisten Männer Dinge allzu schnell vereinfachen und dadurch Gefahr laufen, eindimensionale Entscheidungen zu treffen, überblicken viele Frauen auch komplexe Sachverhalte klar und vollständig.

Bleiben Sie sich treu!

Statistisch betrachtet, haben Frauen auch die besseren kommunikativen Fähigkeiten; sie neigen allerdings dazu, ihre Gedanken und Gefühle im Gespräch mit anderen zu strukturieren. Das kann im Beruf gefährlich werden, weil sie dabei viel von sich preisgeben und sich so angreifbar machen. Prüfen Sie für sich, ob Sie Ihre Gesprächsgewohnheiten noch optimieren müssen.

Prüfen Sie Ihre Gesprächsgewohnheiten.

Vielen Frauen fällt es besonders schwer, Nein zu sagen, weil sie es möglichst allen recht machen wollen. Gehören Sie dazu? Wenn ja, trainieren Sie sich darin, Grenzen zu setzen und sich nicht ausnutzen zu lassen. Übernehmen Sie nicht ohne Not die Arbeit von anderen. Behalten Sie Ihre eigenen Ziele im Blick. *Everybody's Darling* ist schnell *Everybody's Idiot*. Und das führt nicht nach oben, sondern in die Frustration und den Burn-out. Typisch weiblich sind auch noch immer Attraktivitätsvergleiche: Wer sieht besser aus, hat den besseren Friseur, die schickere Kleidung? Reflektieren Sie das frühzeitig. Denn unbewusst ablaufende Konkurrenzkämpfe kosten Energie und sind zerstörerisch.

Vorbilder als Karriere-
helfer

Eine Karrierehilfe können weibliche Vorbilder sein, aus der Familie, der Branche, Ihrem Unternehmen. Unter www.victress.net, einem Netzwerk für Frauen, werden unter dem Motto *Excellence knows no gender* viele Frauen mit beispielhaften Karrieren präsentiert. Vorbilder sind auch deswegen wichtig, weil Sie helfen können, die eigenen Vorstellungen und Erwartungen zu präzisieren und mit der Realität abzugleichen.

Eine weitere sehr wichtige Hilfe können Netzwerke sein. Männer nutzen Netzwerke seit Tausenden von Jahren für ihre Karriere. Warum sollten Sie darauf verzichten? Klären Sie für sich, ob Ihnen Netzwerke speziell für berufstätige Frauen besonders zusagen, wie zum Beispiel *Business and Professional Women* (www.bpw-germany.de), eines der größten und ältesten Berufsnetzwerke für Frauen, das Förder- und Mentoren-Programme für junge, aufstiegsorientierte Akademikerinnen anbietet.

Mobbingfalle Kollegen

Ärger am Arbeitsplatz
fängt oft mit Kleinig-
keiten an.

Wo mehr als ein Mensch arbeitet, kommt es zwangsläufig zu Konflikten. Denn Menschen sind Menschen und keine Maschinen. Sie haben Eigeninteressen, Gefühle, Stimmungsschwankungen, Ärger zu Hause, sind unausgeschlafen oder krank, überarbeitet oder gelangweilt. Zudem nimmt die Arbeitsbelastung in der modernen Arbeitswelt durch Marktschnelligkeit und Globalisierung, durch Fusionierung und Umstrukturierung ständig zu. Die Arbeitsverdichtung steigt, Überlastung und Zukunftsangst führen zu Dauerstress, und das ist ein wunderbarer Nährboden für Konflikte.

Denn Stress sucht sich unter anderem ein Ventil in zwischenmenschlichen Auseinandersetzungen. Dabei beginnt Ärger am Arbeitsplatz oft mit Kleinigkeiten: Schmutzige Kaffeetassen stehen herum, weil sie keiner spült, Aktenordner verschwinden, weil sie niemand an ihren Platz zurückstellt.

Der eine arbeitet gerne bei offenem Fenster, während der andere friert. Und dann ist da noch der Kollege mit den anzüglichen Witzen, die Ihnen auf den Nerv gehen. Die Beispiele lassen sich endlos fortsetzen.

Gehen Sie das Thema Ärger am Arbeitsplatz strukturiert an. Was macht einen Konflikt aus? Der Begriff Konflikt kommt vom lateinischen *confligere* und bedeutet schlicht *zusammenstoßen*. Ein Konflikt ist also ein Zusammenstoß, eine Unvereinbarkeit im Denken, Vorstellen, Wahrnehmen, Fühlen oder Wollen zwischen mindestens zwei Akteuren. Zwei Menschen streiten sich, sie setzen sich auseinander. Da zwei oder mehr Menschen nicht zu jeder Zeit eine gemeinsame Zielvorstellung haben beziehungsweise einer Meinung sein können, sind Konflikte ganz normal. Sie sind nicht nur unvermeidlich, sondern vielmehr Grundlage von Weiterentwicklung. Für einen nachhaltigen beruflichen Erfolg und für Ihre eigene Gesundheit sollten Sie deshalb einen konstruktiven Umgang mit Konflikten erlernen.

> Ein Konflikt ist ein Zusammenstoß.

Eine differenzierte Konfliktanalyse ist die Voraussetzung für jede erfolgreiche Konfliktlösung. Denn zunächst müssen Sie den Konflikt verstehen, um herauszufinden, welche Handlungsmöglichkeiten Sie haben. Verschaffen Sie sich in einem ersten Schritt einen objektiven und ungetrübten Überblick über die Situation, das heißt *ent-ärgern* Sie sich und betrachten Sie den Konflikt mit kühlem Kopf. Dazu können Sie in der Akutsituation drei Mal tief durchatmen oder in weniger brenzligen Fragen erst einmal über den Streitpunkt schlafen, bevor Sie reagieren. Schon Lao-tse wusste: *Klar sieht, wer von ferne sieht, nebelhaft, wer Anteil nimmt.*

> Eine Konfliktanalyse ist die Voraussetzung für eine Konfliktlösung.

> Klar sieht, wer von ferne sieht, nebelhaft, wer Anteil nimmt. (Lao-tse)

Viele Menschen sind davon überzeugt, dass sie selbst im Recht seien und der andere damit automatisch im Unrecht. Wenn aber jeder an seinem Standpunkt festhält, lassen sich Konflikte nicht lösen! Wenn sich eine Auseinandersetzung mit einem Kollegen anbahnt oder Sie sich bereits in einem handfesten Streit befinden, sollten Sie zunächst den Ist-Stand des Konflikts klären: Worum geht es eigentlich?

> Klären Sie den Ist-Stand des Konflikts.

Handelt es sich um einen Sachkonflikt? Sachkonflikte zeigen sich in der Auseinandersetzung oder in Missverständnissen um eine Sache. Beispielsweise will Ihr Kollege bei offenem, Sie aber bei geschlossenem Fenster arbeiten. Oder es stört Sie, dass der Kollege die Aktenordner nicht zurück an ihren Platz stellt. Vielleicht nervt es Ihren Kollegen auch, dass Sie Ihre Kaffeetasse nicht abspülen.

Ein Wertekonflikt zeigt sich hingegen in der Auseinandersetzung oder in Meinungsverschiedenheiten um unterschiedliche Weltbilder. Beispiele dafür sind: Frau gegen Mann, evangelisch gegen katholisch, CDU gegen SPD, Fachhochschule gegen Universität und so weiter und so fort.

Unterscheiden Sie zwischen Sachkonflikt und Wertekonflikt.

Sie ahnen es wahrscheinlich schon. Sachkonflikte sind über Kompromisse lösbar. Zum Beispiel spülen Sie die Kaffeetassen montags und dienstags, der Kollege übernimmt mittwochs und donnerstags. Wertekonflikte bleiben hingegen unlösbar. Hier geht es darum, den Standpunkt des anderen zu akzeptieren oder zumindest zu tolerieren, sich auf Kosten des anderen durchzusetzen oder aber sich aus dem Weg zu gehen. Aus Angst davor, Schwäche zu zeigen, geben viele Menschen einen Wertekonflikt nicht offen zu, sondern maskieren ihn als Sachkonflikt. Auf der Grundlage verdeckter Ablehnung liefern sie sich Schattenkämpfe, indem sie sich beispielsweise fachliche Fehler vorwerfen, die schon Jahre zurückliegen, statt sich in einem offenen Gespräch über die tatsächlichen Konfliktursachen auszutauschen.

Wie Konflikte ausgetragen werden, hängt vor allem davon ab, wie stark das Bestreben der Parteien ist, die eigenen Interessen durchzusetzen, und wie groß die Kooperationsbereitschaft ist: Der kooperative schwache Konfliktpartner passt sich an, der kooperative starke drängt zur Zusammenarbeit, der unkooperative schwache Kollege neigt zur Verschleierung des Konflikts, wohingegen der unkooperative starke Opponent Machtgebaren zeigt, um seine Interessen durchzusetzen.

Erstellen Sie Ihr Konfliktverhaltensprofil, und versuchen Sie auch, Ihre Kollegen und Chefs einzuordnen.

Konfliktverhaltensprofil	kooperativ: will einen Interessenausgleich	unkooperativ: will keinen Interessenausgleich
stark: will seine Interessen durchsetzen	neigt zu **Zusammenarbeit**	neigt zu **Machteinsatz**
schwach: will seine Interessen nicht durchsetzen	neigt zu **Anpassung**	neigt zu **Konfliktvermeidung**

In einem zweiten Schritt können Sie den Konfliktverlauf analysieren. Die meisten Konflikte haben klein angefangen. Je länger aber ein Konflikt anhält, desto mehr Streitpunkte gibt es. Dies nennt man die Expansion der Streitfrage. Der Konflikthergang wird in der Regel von den verschiedenen Konfliktparteien unterschiedlich interpretiert. Dabei lautet die Devise häufig: *Der andere hat Schuld.*

Beschreiben Sie den Konfliktverlauf.

Im fortgeschrittenen Konfliktstadium suchen sich die Konfliktparteien Verbündete: *Findest Du nicht auch, dass der Kollege Muster sich da ganz schön etwas geleistet hat?* Der Konflikt weitet sich aus. Auf der nächsten Eskalationsstufe macht sich bei den Konfliktparteien Pessimismus breit, den Konflikt überhaupt noch lösen zu können: *Da gibt es keinen Ausweg mehr, entweder der oder ich!*

Wenn Sie das Gefühl haben, in einem Konflikt festzustecken, können Sie mit den folgenden neun Fragen eine systematische Konfliktanalyse durchführen.

---

9 Fragen zur Konfliktanalyse
1. Wer ist an dem Konflikt beteiligt?
2. Worum geht es wirklich?
3. Wie äußert sich der Konflikt?
4. Wie stehen Sie zum Konfliktpartner?
5. Welche Einstellung haben die Konfliktparteien zum Konflikt?
6. Wann setzte der Konflikt ein?
7. Wie wird der Konflikthergang interpretiert?
8. Wie hat sich der Konflikt ausgeweitet?
9. Scheint eine Konfliktlösung immer unwahrscheinlicher?

Je nach Zustand und Verlaufsstufe des Konflikts haben Sie die Möglichkeit, selbst einiges zur Konfliktlösung beizutragen. Dabei setzt jede Konfliktlösung voraus, dass Sie und der Konfliktpartner den Wunsch nach Veränderung haben, dass Sie und der andere den Willen zum Umlernen von Verhaltensweisen mitbringen und dass Sie und der andere die Einstellung haben, dass Konflikte generell konstruktiv lösbar sind.

Konflikte sind nur zu lösen, wenn beide das wollen.

Ist dem so, haben Sie die folgenden drei Handlungsmöglichkeiten, um Ärger am Arbeitsplatz und Konflikte mit Kollegen zu lösen: die eigene Einstellung ändern, ein Konfliktgespräch führen oder sich von der Konfliktquelle entfernen.

Konfliktlösung	Erklärung
Selbstreflexion: eigene Einstellung ändern	Fragen Sie sich ehrlich: – Ist der Konflikt vermeidbar? – Ist ein Interessenausgleich möglich? – Geht es um viel? Ist Ihr Einsatz hoch? – Wollen Sie den Konflikt aktiv oder passiv regeln, also aussitzen oder lösen? Trennen Sie Fakten und Betrachtungsweise. Nur weil Sie ein Kollege nicht grüßt (Fakt), heißt das nicht, dass er Sie nicht mag (Betrachtungsweise). Vielleicht hat er einfach so viel um die Ohren, dass er Sie (und auch andere) nicht wahrnimmt. Lassen Sie andere Meinungen gelten. Wenn Sie etwas wirklich aufregt, dann bitten Sie den anderen umgehend, dass er sich anders verhält. Lösen Sie den Konflikt durch reden.
Kommunikation: Konfliktgespräch führen	Wo es Konflikte gibt, können diese mittels Kommunikation gelöst werden – wenn beide Parteien das wollen. Achten Sie dabei auf die folgenden Punkte: – *Wer Hunger hat, mit dem ist nicht gut reden.* Achten Sie auf den richtigen Zeitpunkt für ein Konfliktgespräch. – Es ist schwierig zu antworten, wenn man die Frage nicht versteht. Vergewissern Sie sich immer, ob Sie den anderen richtig verstehen. Das ist die Grundlage für Verständnis. Und helfen Sie dem anderen, damit er Sie richtig verstehen kann. – Kritik ist nicht gleich Ablehnung. Wenn Sie Kritik als wertvoll ansehen, haben Sie die Chance, sich weiterzuentwickeln. – Kommunizieren Sie selbstwertdienlich. Sobald Sie jemanden in seinem Selbstwert angreifen *(Sie verstehen doch gar nicht, worum es geht, dazu sind Sie doch viel zu blöd!)*, muss er zurückschlagen, um sich wieder ins Gleichgewicht zu bringen. Er wird implodieren (stiller Boykott) oder explodieren (laute Anfeindung).
Trennung: aus dem Feld gehen und sich damit von der Konfliktquelle trennen	Zu gehen ist nicht die schlechteste Lösung eines Konflikts. Wenn Sie merken, dass die Fronten verhärtet sind, dass zwischen Ihnen und dem Konfliktpartner Meinungen, ja Welten liegen und dass sprichwörtlich kein Gras mehr wächst, dann sollten Sie ernsthaft darüber nachdenken, ob – und wenn ja wie – Sie sich von der anderen Seite trennen können, bevor etwas Schlimmes passiert.

In der Praxis wird mit härteren Bandagen gekämpft als im Studium. Deshalb brauchen Sie im Beruf auch ein dickeres Fell als im Studium. Wenn Sie bei jeder kleinen Spitze eines Kollegen verärgert reagieren, werden sich einige Ihrer Kollegen bald einen Spaß daraus machen, Sie aufzuziehen, Sie zu ärgern und zu nerven. Lernen Sie die alltäglichen Zwistigkeiten von den handfesten Auseinandersetzungen und verhärteten Konflikten zu unterscheiden. Über Kleinigkeiten sollten Sie hinwegsehen und schmunzeln können. Bei verhärteten Konflikten müssen Sie jedoch sofort handeln. Denn sie fressen Energie und belasten das Arbeitsklima. Werden diese Konflikte nicht gelöst – wenn nötig mit fremder Unterstützung durch den Betriebsrat, einen externen Mediator oder Coach –, können sie sich zur *Mobbingfalle* auswachsen.

> Ungelöste Konflikte fressen Energie auf und können zu *Mobbing* führen.

Bei Mobbing hört der Spaß auf

Mobbing ist eine Straftat und macht seine Opfer psychisch und physisch krank. Schlaf- und Appetitlosigkeit, Kopfschmerzen, Grübeln, Angst, Erschöpfung, Depression bis zum Suizid können die Folgen sein. *Mobbing* ist Kampf. Es gelten die Spielregeln des Krieges. Die Waffen sind eine vergiftete Sprache, hinterlistige Handlungen, Verleumdungen, Erniedrigungen, Beleidigungen und Nichtbeachtung.

> *Mobbing* macht krank.

Wenn Sie das Gefühl haben, gemobbt zu werden, ist Gefahr im Verzug. Klären Sie unbedingt sofort und mit scharfem Verstand, ob es sich tatsächlich um *Mobbing* handelt. Nutzen Sie dazu die Definition von Heinz Leymann, der 1993 *Mobbing* als Problem der Arbeitswelt erstmals beschrieben hat: *Unter Mobbing versteht man negative kommunikative Handlungen und Äußerungen einer oder mehrerer Personen, die gegen eine bestimmte Person gerichtet sind und die über einen längeren Zeitraum von mindestens sechs Monaten mindestens einmal pro Woche systematisch vorkommen und die angegriffene Person in eine Position der Unterlegenheit bringen. ... Dieses Verhalten wird von den Betroffenen als Angriff, Entwertung und Verletzung ihrer Person empfunden. ... Einmalige oder einzelne Konflikte, die bei jeder Zusammenarbeit gelegentlich auftreten, fallen nicht unter den Begriff Mobbing. ... Mobbing ist also ein Prozess, keine einzelne Konfliktsituation.*

Einzelne Mobbinghandlungen können sich aber wie Puzzleteile zu einem Gesamtbild zusammensetzen. *Mobbing* ist nicht plötzlich da, sondern beginnt irgendwann, meist recht harmlos. Zuerst sind es einzelne Unverschämtheiten und Gemeinheiten, die die täglichen Konflikte kennzeichnen. Wenn diese Angriffe aber systematisch erfolgen, etabliert sich ein Mobbinggeschehen.

Die Wucht von *Mobbing* ist enorm. Die Angriffe richten sich unter anderem auf Ihre Arbeitsleistung, Ihr Selbstwertgefühl, Ihre soziale Integration, Ihre Privatsphäre und Ihre Gesundheit. Sie sollen systematisch und vollständig demontiert werden. Die Zahl möglicher Angriffe ist groß, wie der folgende Auszug aus dem Katalog der 100 Mobbinghandlungen nach Wolmerath und Esser (2005) zeigt.

25 Beispiele für Mobbinghandlungen
1. Unterschlagung von Arbeitsergebnissen (z. B. Unterlagen verschwinden)
2. Anordnung sinnloser Tätigkeiten (z. B. ausgemusterte Ordner sortieren)
3. Häufige Zuweisung von Arbeiten, die der Betroffene nicht mag
4. Zuweisung von objektiv zu viel Arbeit (Zuschütten mit Aufgaben)
5. Ungünstige Lage des Arbeitsplatzes (z. B. laut, zugig, kalt, heiß, abgelegen)
6. Blockade von gemeinsamer Tätigkeit *(Mit dem nicht!)*
7. Überraschungsangriffe (z. B. plötzliche Änderungen der Termine)
8. Berufliche Qualifikation wird ständig infrage gestellt
9. Absichtlich schlechte berufliche Beurteilung
10. Behauptung von Schlechtleistungen
11. Demütigende, unsachliche, überzogene, gnadenlose Kritik
12. Dauerkontrolle mit dem Ziel der Zermürbung
13. Anspielungen, zweideutige Bemerkungen
14. Ausschließen aus informellen/geselligen Treffen *(Tür-zu-Methode)*
15. Demonstratives Schweigen im Beisein des Betroffenen
16. Gerüchte verbreiten oder gezielt weiterleiten
17. Verraten von persönlichen Informationen
18. Psychische Erkrankung wird unterstellt
19. Persönliche Schwächen werden publik gemacht
20. Unterdrückung durch verbale Dominanz (z. B. Anschreien)
21. Zuweisung schlechter Urlaubstermine
22. Ständiges Abwerten privater Vorlieben, Interessen und Tätigkeiten
23. Ständiges Abwerten religiöser, weltanschaulicher Überzeugungen
24. Sexuelle Belästigung
25. Ignorieren von Mobbingsituation (z. B. Wegschauen, Weggehen)

Mobbing als Angriff auf die soziale Integration am Arbeitsplatz ist deshalb so machtvoll, weil wir Menschen soziale Wesen sind. Zu unserem Überleben gehört die Zugehörigkeit zu einer Gemeinschaft, zu einer Gruppe. Diese genetische soziale Programmierung ist in unserem Stammhirn verankert und damit älter als unser Großhirn und unser Denken. Die Zugehörigkeit zu einer Gemeinschaft gehört sozusagen zu unseren Überlebensreflexen. Auch wenn wir heute in einer Mobbingsituation in der Regel nicht in unserem physischen Überleben bedroht sind, wird Ausgrenzung und Isolierung dennoch als existenzielle Bedrohung erlebt. Dies ist dann besonders gravierend, wenn am Ort des Geschehens keinerlei Solidarität erlebbar ist. Dadurch werden körperliche und geistige Kräfte wie gelähmt.

> Mobbing ist Angriff und Ausgrenzung.

Wenn es nicht gelingt, rechtzeitig einen Ausweg zu finden, kann *Mobbing* auch eine robuste Persönlichkeit zerstören. Deshalb gilt es, schnell zu Handeln. Lösen Sie Ärger und Konflikte, solange Sie lösbar sind, und wenn Sie in ein Mobbinggeschehen geraten, holen Sie sich unverzüglich Hilfe von außen.

> Holen Sie sich Hilfe von außen.

Im Kontakt mit Ihren Kollegen, Chefs und Kunden spielt die Fähigkeit zu kommunizieren eine wichtige Rolle. Kommunikation ist Ihre Verbindung nach außen. Testen und trainieren Sie deshalb im dritten Crashkurs Ihre Kommunikationsfähigkeit.

CRASHKURS: KOMMUNIKATION

Zwischenmenschliche Beziehungen haben immer etwas mit Kommunikation zu tun. Und an Ihrem Arbeitsplatz werden Sie eine Vielzahl zwischenmenschlicher Beziehungen aufbauen müssen. Egal ob Sie eine Managementkarriere oder eine Fachkarriere anstreben; ohne mit anderen zu reden, können Sie beruflich nicht erfolgreich werden. Eine gute Kommunikationsfähigkeit ist entscheidend.

Kontakt- und kommunikationsstarke Menschen sind klar im Karrierevorteil. Ihnen fällt es leicht, mit neuen Kollegen das Gespräch anzufangen, Gesprächsthemen zu finden und den richtigen Ton zu treffen. Sie scheuen sich nicht, ihre Meinung zu sagen und ihren Standpunkt zu vertreten. Und sie

> Manchmal ist Reden Gold und Schweigen Silber.

verstehen es, sich Kollegen und Chefs zu Unterstützern aufzubauen.

Kommunikative
Menschen sind
erfolgreicher.

Eher zurückhaltende Menschen, denen es schwerfällt, Gespräche zu führen, und die lieber für sich allein bleiben, isolieren sich dagegen schnell selbst. Und das ist keine gute Voraussetzung für beruflichen Erfolg. Denn als Einzelkämpfer kommen Sie nicht weit. Wie steht es um Ihre Kommunikationsfähigkeit? Testen und trainieren Sie Ihre Fähigkeit, mit anderen in Kontakt zu treten und zu reden.

Ihre Verbindung nach außen

Die folgenden zehn Fragen sollen Ihnen helfen, Ihre Kontakt- und Kommunikationsfähigkeit einzuschätzen. Nehmen Sie Ihr Ergebnis als Anregung und Grundlage für weitere Überlegungen. Bei der Beantwortung der Fragen gibt es wiederum keine richtigen oder falschen Antworten. Überlegen Sie daher nicht, welche Antworten den besten Eindruck machen könnten. Kreuzen Sie spontan das an, was Ihrer Einstellung und Empfindung entspricht. Sie profitieren am meisten von dem Test, wenn Sie die Fragen ehrlich beantworten.

Wie gut ist Ihre
Kommunikationsfähig-
keit ausgeprägt?

Nach der Auswertung klären Sie: Wie gut ist Ihre Kommunikationsfähigkeit ausgeprägt? Verfügen Sie über eine eher stark ausgeprägte Fähigkeit, mit anderen in Kontakt zu gehen und zu reden?

Dann machen Sie weiter wie bislang, und Sie bleiben aufmerksam und offen dafür, Ihre Fähigkeiten kontinuierlich zu entwickeln. Denn die Anforderungen an Ihre Kommunikationsfähigkeit werden auf Ihrem beruflichen Weg wachsen, besonders wenn Sie eine Managementkarriere anstreben. Steht es eher schlecht um Ihre Kontakt- und Kommunikationsfähigkeit, müssen Sie mit dem Training beginnen. Am besten noch heute. Denn wer sich isoliert, verliert.

Zehn Fragen zur Kommunikationsfähigkeit	Trifft zu	Trifft nicht zu
1	Im Allgemeinen bin ich ein umgänglicher Mensch, mit dem die meisten anderen Menschen gut klar kommen.		
2	Mir fällt es leicht, mit neuen Leuten ins Gespräch zu kommen.		
3	Ich gehe generell eher wohlwollend auf andere Menschen zu.		
4	Bei Konflikten im Team kann ich mich auf einen Kompromiss einlassen.		
5	Ich kann mich gut in andere Menschen hineinversetzen.		
6	Mir fällt es nicht schwer, Nein zu sagen und mich abzugrenzen.		
7	Ich glaube an Zusammenarbeit und nicht an Machtkampf.		
8	Kritik gegenüber anderen zu äußern macht mir nichts aus.		
9	Ich sage, was ich denke und stehe zu meiner Meinung, ohne andere zu verletzen.		
10	Die Meinung anderer respektiere ich, auch wenn ich ihr nicht zustimmen kann.		

Auswertung Kommunikationsfähigkeit	
Weniger als fünf Mal *Trifft zu*	Sie haben eine eher schwach ausgeprägte Kontakt- und Kommunikationsfähigkeit und neigen dazu, sich zurückzuhalten, Konflikte zu vermeiden, um Harmonie und Frieden zu bewahren. Mit Menschen in Kontakt und in Beziehung zu gehen und Ihre Meinung zu äußern, fällt Ihnen schwer.
Mehr als fünf Mal *Trifft zu*	Sie haben eine eher stark ausgeprägte Kontakt- und Kommunikationsfähigkeit und neigen dazu, klar Ihre Meinung zu sagen und zu sich selbst zu stehen. Mit anderen in Kontakt und in Beziehung zu gehen, Ihren Standpunkt zu vertreten, sich abzugrenzen und sich mit anderen auseinanderzusetzen, ohne Beziehungen zu gefährden, fällt Ihnen leicht.

Trainingsprogramm Kommunikation

Bereits als Embryo in der Fruchtblase haben Sie sich Ihrer Umwelt mitgeteilt. Sie kommunizierten, indem Sie strampelten, boxten und sich drehten. Gleichzeitig bekamen Sie bereits mit, wie die Menschen in Ihrer Umgebung miteinander reden, ob sie sich anschreien oder flüstern, ob sie einander zuhören oder sich ins Wort fallen.

Als Kind lernten Sie zu sprechen und Sie nahmen wahr, wie Ihre Eltern, Verwandten und Freunde miteinander umgehen. So lernten Sie, wie man sich respektiert und andere Meinungen stehen lässt, wie man sich durchsetzt oder abgrenzt und vieles mehr.

Ihre Kommunikationsfähigkeit ist also so alt, wie Sie es sind, und Ihr Kommunikationsstil ist so fest geprägt wie Ihre Persönlichkeit. Das merken Sie auch daran, dass die Adjektive, mit denen Sie sich als Person beschreiben, die gleichen sind, mit denen Sie Ihr Kommunikationsverhalten beschreiben können.

Menschen reden so, wie sie sind.

Ein Mensch, der eher zurückhaltend, schüchtern und unsicher ist, wird eher unsicher, schüchtern und zurückhaltend kommunizieren. Und jemand, der eher offen und selbstsicher ist, wird auch eher sicher und offen mit anderen reden.

Beim Training Ihrer Kontakt- und Kommunikationsfähigkeit geht es also ans Eingemachte. Deshalb ist es auch nicht verwunderlich, dass es wohl wenige Themenbereiche in der Psychologie gibt, die intensiver erforscht sind als die Kommunikation. Aber keine Angst. Sie müssen sich nicht durch fünf Meter Literatur lesen, um Ihre Kommunikationsfähigkeit zu verbessern. Besonders beim Übergang vom Studium in den Beruf sind drei Punkte zentral. Reflektieren Sie das Bild, das Sie von sich selbst haben, achten Sie auf die nonverbalen Signale der Kommunikation und beachten Sie eine kontinuierliche Rückkoppelung mit Ihren Gesprächspartnern. Wenn Sie diese drei Faktoren in Ihrer Kommunikation beherzigen, können Sie viel erreichen.

Ihr Selbstbild und die Folgen

Wie sehen Sie sich selbst? Finden Sie sich selbst okay? Sind Sie mit sich so weit zufrieden und können Sie sich selbst akzeptieren? Der Hintergrund für diese Fragen ist die Erkenntnis, dass Sie andere Menschen umso besser akzep-

TRAININGSPROGRAMM KOMMUNIKATION

tieren können, je mehr Sie sich selbst akzeptieren. Und je positiver, das heißt je akzeptierender Sie einem Gesprächspartner gegenübertreten, desto erfolgreicher verläuft die Kommunikation.

Wenn Sie sich selbst ablehnen, wird es Ihnen schwerfallen, Ihr Gegenüber zu akzeptieren. Und Ihr Gesprächpartner spürt intuitiv, ob Sie ihn ablehnen oder annehmen, gleichgültig, wie gut Sie sich ihm gegenüber verstellen können.

Denn Sie teilen Ihre innere Haltung sich selbst und anderen in Ihrem Verhalten und damit in Ihrer Kommunikation immer mit, ob Sie das wollen oder nicht.

Deshalb lohnt es sich zunächst, über das eigene Selbstbild und damit über das eigene Selbstbewusstsein nachzudenken. Ihr Selbstbild entsteht, indem Sie sich bewusst oder unbewusst mit den Menschen in Ihrer Umgebung vergleichen. Wie eine Messsonde prüfen Sie, ob der andere besser aussieht, mehr Geld verdient oder irgendetwas besser kann als Sie. Ob er größer oder kleiner, dünner oder dicker, stärker oder schwächer ist als Sie. Und je nachdem, wie Sie sich selbst in Bezug zu Ihrem Gegenüber sehen, verhalten Sie sich.

Wenn Sie der Meinung sind, dass Ihr Gegenüber Ihnen überlegen ist, dann werden Sie sich anders verhalten, als wenn Sie Ihr Gegenüber als ebenbürtig oder unterlegen einschätzen. Wichtig ist, dass Ihre Einschätzung der Realität und nicht die Realität selbst für Ihr Handeln grundlegend ist. Denn weder Ihr Selbstbild noch das Bild, das Sie sich von anderen machen, muss mit der Wirklichkeit übereinstimmen. Menschen sehen die Welt durch eine subjektiv gefärbte Brille und konstruieren sich die Wirklichkeit.

Es gibt Tage, da fühlt man sich klein und schwach und unwichtig und alle außen herum schätzt man als irgendwie besser ein als sich selbst. An anderen Tagen hingegen könnte man Bäume ausreißen und man strotzt vor Selbstbewusstsein. An solchen Tagen schätzt man selbst objektiv stärkere und größere Menschen kleiner und schwächer ein als sich selbst.

Ihr Selbstbild und Selbstbewusstsein ist also zum einen von Ihrer Tagesform abhängig. Zum anderen ist Ihr Selbst jedoch grundlegend in Ihrer Kindheit und Jugend durch Ihre Erziehung gebildet, und es gibt eine tendenzielle Ausrichtung hin zu einem sicheren oder unsicheren Selbst und einem

Wenn Sie sich selbst ablehnen, wird es Ihnen schwerfallen, Ihr Gegenüber zu akzeptieren.

Man kann nicht nicht kommunizieren.
(Paul Watzlawick)

Menschen konstruieren sich die Wirklichkeit, das heißt, jeder Mensch macht sich ein subjektives Abbild der Wirklichkeit.

Gleichen Sie regelmäßig Ihr Selbstbild mit der Wirklichkeit ab – eine realistische Selbsteinschätzung ist eine Grundlage für Erfolg.

schwächeren oder stärkeren Selbstbewusstsein. Für eine erfolgreiche Kommunikation ist es entscheidend, dass Ihr Selbstbild und die Wirklichkeit nicht zu sehr voneinander abweichen. Je größer die Abweichungen sind, desto wahrscheinlicher wird die Kommunikation leiden.

Hier ein Beispiel: Wenn Sie von Hause aus ein überhöhtes Selbstbewusstsein und beim Übergang vom Studium in den Beruf das Selbstbild mitbringen, dass Sie eigentlich schon alles wissen, kann Kommunikation schwierig werden. Denn objektiv ist dem nicht so. Als Berufseinsteiger können Sie noch nicht alles wissen.

Die Abweichung zwischen Selbstbild und Wirklichkeit zeigt sich in einer überheblichen Art zu kommunizieren. Sie zeigen Ihrem Gegenüber mit Worten und auch ohne Worte, dass Sie ihn nicht ernst nehmen, das, was er sagt, für falsch halten und ihn ablehnen. Selbst wenn Sie es schaffen, Ihre Zunge im Zaum zu halten, wird Ihr Gesprächspartner wahrnehmen, dass Sie sich für etwas Besseres halten. Das führt unweigerlich zu Konflikten.

Die nonverbale Kommunikation

Ohne ein Wort zu sagen, sagen Sie sehr viel. Die Art, wie Sie schauen, die Augenbraue hoch ziehen oder die Stirn runzeln, wie Sie gehen, die Hände bewegen oder auf dem Stuhl sitzen, alle diese Signale sagen etwas über Sie und Ihre Beziehung zu Ihrem Gesprächspartner aus.

Oft zeigen sich Menschen in den großen Dingen und mit Worten, wie sie sein wollen, in den kleinen Dingen und im Verhalten jedoch, wie sie wirklich sind.

Für eine erfolgreiche Kommunikation ist es wichtig, dass das, was Sie mit Worten sagen, und das, was Sie ohne Worte sagen, übereinstimmt. Denn nur dann werden Sie von Ihrem Gegenüber als glaubwürdig und vertrauenswürdig eingestuft. Wenn Sie nonverbal etwas anderes sagen als verbal, kommt es zur Kommunikationsstörung.

Denn zu über 90 Prozent sind die nonverbalen Signale, die ein Mensch sendet, für den Erfolg oder Misserfolg der Kommunikation verantwortlich. Warum das so ist? Nun, in der Regel sind einem Menschen die nonverbalen Spontanreaktionen des Körpers nicht bewusst und deshalb sind sie auch nicht so leicht steuerbar. Schauspieler üben jahrelang, bis sie verschiedene Rollen glaubwürdig spielen können. Außerdem werden nonverbale Signale von Ihrem Gegenüber sehr viel schneller und unmittelbarer wahrgenommen.

Hier ein Beispiel: Es ist früher Abend. Der Ehemann liegt auf der Couch und schaut Sportschau. Die Ehefrau kommt von der Arbeit nach Hause und fragt: *Du, heute kommt ein toller Film im Kino. Gehen wir mal wieder zusammen ins Kino?* Der Mann antwortet Sportschau guckend, zögerlich und mit wenig motiviertem Tonfall, ohne sich der Frau zuzuwenden: *I-jaaa, wann kommt der Film denn?* Was glauben Sie, wird die Frau wohl antworten? Im Beispiel geht es so weiter. Frau: *Nie gehst Du mit mir aus, immer willst Du nur auf der Couch liegen und Sportschau gucken.* Mann: *Ich habe doch ja gesagt.* Der Abend ist gelaufen.

Was der Ehemann gesagt hat und wie er es gesagt hat, passt nicht zusammen (in der Kommunikationswissenschaft wird das als inkongruente Botschaft des Senders bezeichnet). Die Ehefrau reagiert auf die nonverbale Information und misst dem Tonfall und der Körperhaltung ihres Mannes mehr Gewicht bei als dem *(I-)ja(aa)*.

Der Körper lügt nicht. Überprüfen Sie deshalb regelmäßig, inwieweit das, was Sie mit Worten sagen, und das, was Sie körpersprachlich sagen, übereinstimmt. Verhalten Sie sich nach außen so, wie Sie sich innerlich fühlen. Wenn Ihnen das schwerfällt oder nicht gelingt, besteht Handlungsbedarf.

> Ihr Körper lügt nicht, überprüfen Sie regelmäßig Ihre nonverbalen Signale.

Die Rückkoppelung im Gespräch

Kommunikation ist das, was beim Empfänger ankommt. Aber woher wissen Sie, was von dem Gesagten tatsächlich bei Ihrem Gegenüber ankommt? Gesagt ist ja noch lange nicht gehört und gehört ist noch lange nicht verstanden. Und hat Ihr Gegenüber gehört und verstanden, was Sie gesagt haben, heißt das noch nicht, dass er damit einverstanden ist.

> Kommunikation ist das, was beim Empfänger ankommt.

Für eine erfolgreiche Kommunikation ist es unerlässlich, dass Sie und Ihr Gesprächspartner über das Gleiche reden, das Gleiche meinen und das Gleiche verstehen. Andernfalls haben Sie einen toten Dialog oder den Anfang eines Konflikts.

Wenn Sie im Gespräch mit Ihren Kollegen oder Ihrem Chef das Gefühl haben, dass Sie den anderen nicht verstehen, dass der andere Sie nicht versteht, oder dass Sie aneinander vorbeireden, sollten Sie unbedingt durch Nachfragen rückkoppeln. *Habe ich Sie so richtig verstanden? Ich fasse noch einmal kurz zusammen, also Sie meinen ... Ich habe das Gefühl, mich missverständlich ausgedrückt zu haben. Können*

Sie noch einmal zusammenfassen, was Sie verstanden haben?

Versichern Sie sich immer, ob der Gesprächspartner und Sie über das Gleiche reden.

Prüfen Sie in jedem Gespräch, das Sie führen, ob Missverständnisse den Dialog stören. Wenn Sie in Gesprächen mit verschiedenen Kollegen und Chefs häufiger das Gefühl haben, von niemandem verstanden zu werden und keinen zu verstehen, besteht Handlungsbedarf.

Besonders bei Ihrer Kommunikationsfähigkeit ist es wichtig, dass Sie üben und üben und üben.

Praxistipp

Nehmen Sie an betriebsinternen und externen Kommunikationstrainings teil, wann immer sich die Gelegenheit dazu bietet. Fangen Sie bei den Grundlagen an und gehen Sie dann ins Detail. Zum Beispiel mit Themen wie Kommunikation im Team, Gesprächsführung in Kunden- oder Mitarbeitergesprächen, Verhandlungsführung, Kommunikation für die Moderation, gewaltfreie Kommunikation, Krisenkommunikation, Kommunikation für Führungskräfte und so fort.

Trainieren Sie im Alltag die folgenden einfachen und nützlichen Kommunikationstechniken. Üben Sie täglich und nutzen Sie Ihr Trainingsbuch als Transferhilfe. Tragen Sie die für Sie nützlichen Tipps, Ihre Lern- und Kommunikationserfolge ein.

Trainingsprogramm Kommunikation

Trainingseinheit 1	Die innere Haltung sich selbst und anderen gegenüber: Achten Sie auf eine wohlwollende und wertschätzende Grundhaltung Ihrem Gesprächspartner gegenüber. Versuchen Sie in jedem Gespräch erst zu verstehen, bevor Sie verstanden werden wollen. Ihr Gegenüber hat genauso wie Sie ein Recht darauf, dass seine Meinung gehört wird. Unterscheiden Sie zwischen verstehen und Verständnis haben. Sie sollten Ihr Gegenüber verstehen lernen, aber Sie müssen nicht für alles Verständnis haben.

Trainingseinheit 2	<u>Die Rückkoppelung im Gespräch</u>: Die meisten Menschen verstehen unter Kommunikationsfähigkeit, dass sie selbst reden. Wer aber nicht zuhören kann, wird keine erfolgreichen Gespräche führen. Achten Sie im Gespräch darauf, durch Feedbacktechniken sicherzustellen, dass Sie miteinander und nicht aneinander vorbeireden. Fragen Sie nach, wenn Sie nicht verstehen, worum es Ihrem Gegenüber geht. Fragen Sie nach, ob Ihr Gegenüber Sie verstanden hat. Hören Sie aktiv zu: Konzentrieren Sie sich auf das Gespräch, nehmen Sie Blick-kontakt auf und eine offene Körperhaltung ein. Nicken Sie, wenn Sie etwas verstanden haben und fassen Sie das Gesagte kurz zusammen, um sicherzuge-hen, dass Sie über das Gleiche reden. Achten Sie während des Zuhörens auf Ihre Körpersignale. Denn dadurch geben Sie ein starkes Feedback. Der Körper lügt nicht. In der Business-Sprache heißt das *walk your talk,* also mach' das, was Du sagst. Nur dann sind Sie glaubwürdig und nur dann werden Sie beruflich erfolgreich sein. Sprechen Sie mit Ich-Botschaften, wenn Sie Feedback geben *(Ich habe verstanden ...,* nicht: *Du hast aber gesagt, ...).*
Trainingseinheit 3	<u>Achten Sie auch auf Ihre Sprache</u>: Sprechen Sie verständlich mit kurzen, prägnan-ten und vollständigen Sätzen. Sprechen Sie mit einfachen Worten. Sagen Sie eins nach dem anderen und nicht alles zusammen. Sprechen Sie offen und direkt, verwenden Sie explizite Aussagen, zum Beispiel, *Können Sie bitte diese E-Mail schreiben?,* keine impliziten Botschaften wie beispielsweise *Da wäre noch eine E-Mail zu schreiben.*
Trainingseinheit 4	<u>Trennung von Wahrnehmung und Bewertung</u>: Als Empfänger einer Botschaft können Sie darauf achten, dass Sie in Ihrer Reaktion auf etwas Gesagtes Ihre Wahrnehmung, Ihre Interpretation und Ihre Gefühle trennen. Nur weil Sie ein Kollege nicht grüßt (Fakt), heißt das nicht, dass er Sie nicht mag (Bewertung). Vielleicht hat er Sie einfach nicht gesehen. Agieren Sie mit kühlem Kopf statt mit heißem Blut. Prüfen Sie Ihre Empfängergewohnheiten, das heißt wie Sie etwas Gesagtes auffassen. Es hängt von Ihrem Selbstwertgefühl ab, wie Sie eine Botschaft verstehen, ob Sie sie als Angriff auf Ihre Person wahrnehmen oder ganz gelassen als Information annehmen können.
Trainingseinheit 5	<u>Eine einfache Kommunikationstechnik für mehr Wirksamkeit</u>: Hinter jedem Vorwurf steht ein Wunsch. Das heißt, wenn Sie ärgerlich auf jemanden sind und dazu neigen, demjenigen etwas vorzuwerfen, zum Beispiel *Nie stellst Du die Aktenordner zurück an ihren Platz,* haben Sie eigentlich einen Wunsch, nämlich, dass derjenige die Aktenordner an ihren Platz zurückstellt. Formulieren Sie diesen Wunsch: *Ich wünsche mir, dass Du die Aktenordner zurück an ihren Platz stellst, damit jeder wieder Zugriff hat.* Das ist wirksamer, denn bei einem Vorwurf muss der andere in den Widerstand gehen, beispielsweise mit einem Dementi *Das stimmt doch gar nicht,* um sich wieder ins Gleichgewicht zu bringen. Auf einen Wunsch kann der andere positiv reagieren: *Stimmt, das ist sinnvoll, daran habe ich nicht gedacht.*

DAS UNTERNEHMEN – KULTUR UND STRUKTUR

Konzern, Mittelständler oder Kleinunternehmen – wo steigen Sie beruflich ein? Jede Unternehmensform hat ihre Eigenarten. Im siebten Kapitel erfahren Sie etwas über formale und informelle Organisationsstrukturen und Sie lernen die Relevanz einer Unternehmenskultur kennen. Außerdem erfahren Sie, was Sie machen können, wenn Sie mit dem Wechsel von der Hochschule in ein Unternehmen ein Kulturschock trifft.

Klären Sie auf den folgenden Seiten die drei Fragen:
1. Wie ist mein Unternehmen aufgebaut?
2. Welche Kultur herrscht in meinem Unternehmen?
3. Was mache ich, wenn ich Abwehrgefühle gegenüber der Unternehmenskultur spüre?

Kultur und Struktur verstehen

Unterscheiden Sie zwischen Hochschulkultur und Unternehmenskultur.

Jede Organisation hat ihre Eigenheiten. Die Kanzlei mit den fünf Juristen und den zwei Assistenten, der inhabergeführte Sensorhersteller mit 480 Mitarbeitern oder der *Global Player,* der mit mehreren 10.000 Angestellten weltweit agiert. Allen gemeinsam ist, dass es eine formale und eine informelle Organisationsstruktur gibt und eine Unternehmenskultur, deren Werte, Normen und Einstellungen bestimmte Mitarbeiter anzieht und das Verhalten der Mitarbeiter prägen.

Für den, der frisch von der Hochschule kommt, sind solche komplexe Systeme erst einmal unübersichtlich. Für einen gelungenen Berufseinstieg ist es jedoch unerlässlich, das neue Umfeld schnell verstehen zu lernen. Analysieren Sie deshalb die Organisation, in der Sie beruflich starten, denn das jeweilige Organisationsmodell hat Einfluss auf die Denk- und Handlungsmodelle beim Management und damit auf Sie und Ihren beruflichen Erfolg.

Ihre Analyse der Organisation beginnt mit dem Studium des Organigramms. Beschaffen Sie es sich so bald als möglich. Das Organigramm ist eine grafische Darstellung der Aufbau- und Ablauforganisation im Unternehmen. Sie sehen darin, in welche organisatorischen Einheiten das Unternehmen unterteilt ist, wie die Aufgaben verteilt sind und wie die

Kommunikationsbeziehungen aussehen. Aus den Informationen zur Organisationsstruktur, dem Stellenschlüssel, den Entscheidungsprozessen und Informationsflüssen können Sie bereits wichtige Spielregeln des Unternehmens ablesen. Das Organigramm ist wie eine Landkarte des Unternehmens. Je nach Detaillierungsgrad wird jeder einzelne Mitarbeiter oder einzelne Mitarbeitergruppen abgebildet. Schauen Sie sich das folgende Beispiel an.

Ein Organigramm ist eine Landkarte eines Unternehmens.

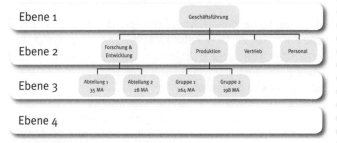

Das Organigramm: die Landkarte des Unternehmens

Natürlich stellt ein Organigramm die Unternehmensrealität stark vereinfacht dar. Deshalb sollten Sie im Laufe der ersten Arbeitswochen Ihre persönliche Unternehmenslandkarte entwickeln. Reichern Sie dazu das Organigramm Ihres Einstiegsunternehmens mit weiteren Informationen an.

Füllen Sie das Schaubild mit Leben, indem Sie sich gezielt zusätzliche Informationen beschaffen und diese eintragen. Nehmen Sie dazu die folgenden Fragen als Impuls und ergänzen Sie nach Bedarf.

Aufgabe 7: Notieren Sie die harten Unternehmensfakten
1. Wann wurde das Unternehmen gegründet?
2. Wie viele Mitarbeiter arbeiten im Unternehmen?
3. Wie viele Mitarbeiter arbeiten in den einzelnen Abteilungen?
4. Wo gibt es Filialen?
5. Wie hoch sind der Jahresumsatz und der Jahresgewinn?
6. Wie sehen die Vergleichszahlen vom Vorvorjahr/Vorjahr aus?
7. Wer sind die Konkurrenten am Markt?
8. Welche Produktinnovationen hat das Unternehmen?
9. Weitere Details, die Ihnen relevant erscheinen ...

Aufgabe 8: Notieren Sie die weichen Unternehmensfakten
1. Wie lautet der Firmenslogan?
2. Zu welchen Firmenwerten steht das Unternehmen?
3. Wie ist das Firmenimage in der Öffentlichkeit?
4. Seit wann ist der Geschäftsführer im Amt?
5. In welcher Abteilung gibt es häufig Mitarbeiterwechsel?
6. Wer ist in der Hackordnung die Nummer eins?
7. Wer sind die Meinungsmacher im Unternehmen?
8. Weitere Details, die Ihnen relevant erscheinen ...

In der Unternehmenskultur zeigen sich gemeinsame Werte, Normen und Einstellungen der Organisationsmitglieder.

Ihr persönlich angereichertes Organigramm stellt die Grundlage dafür dar, die Unternehmenskultur zu begreifen. Die Unternehmenskultur, auch *Corporate Culture* genannt, ist die Grundgesamtheit gemeinsamer Werte, Normen und Einstellungen, welche die Entscheidungen, die Handlungen und das Verhalten der Organisationsmitglieder prägen.

Damit ist die Unternehmenskultur gewissermaßen die Persönlichkeit des Unternehmens. In ihr zeigen sich die Eigenschaften Ihres Arbeitgebers. Ist er freundlich? Das merken Sie am Umgangston zwischen den Mitarbeitern. Ist er zuverlässig? Das können Sie daran festmachen, ob Zusagen eingehalten werden. Ist er innovativ oder konservativ, flexibel oder starr, kontrollierend oder vertrauend?

Das Weltbild bestimmt, wie Menschen über die Welt denken.

Jedes Unternehmen, als Zusammenschluss mehrerer Menschen, die über längere Zeit gemeinsam arbeiten und ein Ziel erreichen wollen, entwickelt eine ganz eigene Kultur. Und in dieser Kultur herrscht ein ganz bestimmtes Weltbild, eine Art und Weise, wie Ereignisse wahrgenommen und reflektiert werden und wie gehandelt wird.

Unterscheiden Sie zwischen dem Maschinenweltbild und dem Organismusweltbild.

Das Weltbild Ihres Arbeitgebers schließt ein Menschenbild ein sowie Werte und Prinzipien der Organisation. Damit bestimmt die Weltanschauung das Managementhandeln im Unternehmen, welches wiederum massiven Einfluss auf die Personalarbeit und direkt auf Sie als neuen Mitarbeiter hat.

Klären Sie für sich: Welches Weltbild herrscht bei Ihrem Arbeitgeber? Als Orientierung für Ihre Analyse beschreibe ich im Folgenden, nach einem Modell des amerikanischen Organisationspsychologen Douglas McGregor, zwei Weltbild-Grundpositionen: das Maschinenweltbild und das Organismusweltbild.

Das Maschinenweltbild

Wer die Welt als Maschine sieht, geht davon aus, dass alles in der Welt mechanisch funktioniert. Alles besteht demnach aus einer Vielzahl berechenbarer und beherrschbarer Objekte. Was sich nicht berechnen lässt, ist ohne Bedeutung.

Das Maschinenweltbild:
Alles wird als statisch
und berechenbar
angesehen.

In dieser Betrachtungsweise stehen die Dinge in eindeutigen linear-kausalen Wenn-dann-Bezügen zueinander. Wenn a dann b. Alle Tätigkeiten im Unternehmen werden so effizient wie möglich ausgeführt, egal ob in der Produktion oder im Büro. Dieser *Best Way* lässt sich aus bestimmten Regeln und Normen eindeutig ableiten: Betriebe, die nach dem Maschinenweltbild geführt werden, werden zentral gesteuert, die Mitarbeiter funktionieren wie Rädchen in einer Maschine. Die Managementaufgaben und damit das Denken, Planen, Steuern und Entscheiden sind strikt von den operativen, ausführenden Aufgaben getrennt. Sie haben als Mitarbeiter wenig Einfluss auf Arbeitsabläufe, wenig Entscheidungs- und Handlungsspielraum. Das Maschinenweltbild findet sich nicht zufällig gerade im technischen Umfeld sehr häufig.

Das Organismusweltbild

Dem Maschinenweltbild steht das Organismusweltbild gegenüber. Wer die Welt als Organismus sieht, geht davon aus, dass die einzelnen Bestandteile der Welt ein unteilbares, dynamisches Ganzes darstellen. Nicht nur die einzelnen Bestandteile an sich, sondern ihre Zusammenhänge, Wechselwirkungen und Rückkoppelungen sind wichtig. Da Systeme generell komplex, offen und selbstorganisiert sind, können sie weder berechnet noch beherrscht werden.

Das Organismusweltbild:
Die Dinge werden als
komplex und dynamisch
angesehen.

Das Organismusweltbild geht auf die Systemtheorie zurück, die Menschen, Technik und Strukturen als zusammenwirkendes Gebilde ansieht. Statt auf die *Best Ways* setzt es auf Flexibilität. Die Managementaufgaben und die ausführenden Aufgaben sind deshalb nicht vollständig getrennt. Als Mitarbeiter haben Sie Entscheidungs- und Handlungsspielraum und damit die Möglichkeit der Selbststeuerung und Selbstkontrolle. Sie können Arbeitsabläufe beeinflussen, mitdenken und mitgestalten.

Das Organismusweltbild kommt der komplexen Wirklichkeit sehr viel näher als das Maschinenweltbild. Es findet zunehmend Anhänger und Anwendung in Unternehmen. Denn ein Unternehmen ist letztlich das, was die Menschen, die darin arbeiten, daraus machen. Und Menschen sind nicht berechenbar.

Weltbilder sind nicht richtig oder falsch, sie haben aber Konsequenzen.

Aus psychologischer Sicht sind Weltbilder nicht richtig oder falsch, sondern eher angemessen oder unangemessen. In der Praxis werden Sie in Unternehmen nicht zu 100 Prozent das Maschinen- beziehungsweise das Organismusweltbild wiederfinden. Aber Sie werden eindeutige Tendenzen feststellen. Welches Weltbild herrscht bei Ihrem Arbeitgeber?

> **Aufgabe 9:** Jeder Mensch sieht die Welt durch die Brille seiner eigenen Weltanschauung und hat seine eigenen Vorstellungen davon, wie Menschen sind, wie Organisationen funktionieren oder an welche Werte und Prinzipien er glauben soll. Diese Weltanschauung bestimmt sein Handeln. Klären Sie, welches Welt-, Menschen- und Organisationsbild bei Ihrem Arbeitgeber herrscht und auch, welches Welt-, Menschen- und Organisationsbild Sie selbst mitbringen.

Die Organisation hinter der Organisation

Im vorigen Kapitel haben Sie erfahren, wie Sie eine Organisationsstruktur und eine Unternehmenskultur anhand des Organigramms und des im Unternehmen herrschenden Weltbilds analysieren können.

Lernen Sie die inoffiziellen Spielregeln kennen, nach denen der Laden läuft.

Hinter der formalen Organisationsstruktur und zwischen den Zeilen der Unternehmenskultur existiert jedoch noch eine informelle Organisation, die Sie als Berufseinsteiger kennenlernen müssen: die nicht formal abgebildeten, inoffiziellen Spielregeln, nach denen der Laden läuft.

Als Karrierestarter finden Sie im Betrieb Mitarbeiter vor, die eine gemeinsame Geschichte haben. Diese gemeinsame Geschichte kann darin bestehen, dass man sich gegenseitig auf der Karriereleiter nach oben geholfen oder aber behindert hat. In der Vergangenheit wurden vielleicht Erfolge miteinander gefeiert oder aber missgönnt, und manche Mitarbeiter tragen einen schlechten Ruf mit sich herum. Im Laufe der Zeit haben sich informelle Machtpole gebildet, informelles Wissen angesammelt und aufgrund gewisser Schicksals- oder Seelenverwandtschaften Grüppchen gebildet, die andere Mitarbeiter und besonders Neulinge für ihre Zwecke vereinnahmen möchten. Ahnungslos lassen Sie sich vielleicht mit den falschen Leuten ein und gefährden dadurch Ihren erfolgreichen Einstieg.

Schießen Sie sich nicht schon in der Startphase ins berufliche Abseits, indem Sie sich in Unkenntnis der informellen Strukturen bei Ihrem Arbeitgeber mit den falschen Leuten einlassen. Besser ist es, wenn Sie lernen, die Organisation hinter der Organisation zu verstehen.

Mikropolitik und Hidden Agendas

Die informelle Organisation in Unternehmen entsteht im Laufe der Zeit automatisch. Sie entsteht, weil Mitarbeiter in Organisationen jenseits der Organisationsziele eigene Interessen verfolgen und dabei die sozialen Strukturen und menschlichen Verhältnisse mitgestalten.

Eigeninteressen sind so vielfältig wie Mitarbeiter selbst. Der eine Kollege hat zum Beispiel die Beförderung und damit den Aufstieg in der Organisation im Blick. Der andere will einfach nur eine bessere Bezahlung. Der nächste ist daran interessiert, seine Handlungsspielräume und Gestaltungsmöglichkeiten zu erweitern. Und der Chef will die in der Einrichtung zur Verfügung stehenden finanziellen, materiellen und menschlichen Ressourcen ausbauen. Der Vertriebler will ein größeres Auto als Statussymbol. Und so mancher ist einfach daran interessiert, seine Leistungsbereitschaft einer hierarchischen Kontrolle zu entziehen.

> Jeder Mensch verfolgt jenseits der Unternehmensziele eigene Interessen. Das führt häufig zu mikropolitischen Machtkämpfen zwischen Mitarbeitern.

Im Sinne eines Machtkampfs unternehmen Mitarbeiter viel, um ihre Eigeninteressen durchsetzen zu können. Sie sammeln informelles Wissen über andere und damit Macht, bauen eine räumliche oder persönliche Nähe zum Chef auf, machen sich durch eine lange Betriebszugehörigkeit und umfangreiches Unternehmens-*Know-how* unentbehrlich oder haben die entscheidenden Kundenkontakte, ohne die das Unternehmen schlecht dastünde.

Und um eigene Ziele zu erreichen, ist manchen Menschen nichts heilig. Kollegen können im wahrsten Sinne zu Kannibalen werden. Sie setzen mit aller Macht ihre Interessen durch, auch auf Kosten anderer. Dazu bedienen Sie sich mikropolitischer Machtinstrumente, vorbei an den offiziellen Regeln und Richtlinien des Unternehmens. Verschaffen Sie sich mithilfe der folgenden Aufstellung einen Überblick.

Mikropolitische Waffen	Beschreibung
Vorgesetzte einschalten	Den Chef mit seinem Einfluss und seinen Beziehungen für die eigenen Interessen einspannen.
Informations-kontrolle	Das Filtern, Zurückhalten oder Schönen von Informationen, das Verbreiten von Gerüchten mit dem Ziel, die Glaubwürdigkeit anderer in Zweifel zu ziehen, das Streuen von Insider-Informationen.
Verdeckte Koalitionsbildung	Verbündete suchen zur Bekräftigung eigener Positionen.
Günstlings-wirtschaft	Das Heranziehen einer Gefolgschaft. Chefs formen sich loyale Mitarbeiter über Anerkennung, Belohnung und Beförderung, um sich Dankbarkeit und Verbündete zu schaffen.
Einsatz von Machtmitteln	Androhungen von Sanktionen und reale Sanktionierung bei abweichendem Verhalten
Gespielte Selbstsicherheit	Bluffen gegenüber Neulingen: Besonders *Low Performer* blenden durch verwenden von Fremdwörtern, die beiläufige Demonstration vermeintlicher Fachkompetenz oder mehrdeutiger Formulierungen.
Handlungsdruck erzeugen	Durch Emotionalisierung von Situationen, oft über eine Appell-Kommunikation: *Jetzt müssen wir schnell handeln.*
Ausstrahlung (Charisma)	Neulinge sind erfahrungsgemäß leicht durch die *alten Hasen* im Unternehmen zu beeindrucken.

Mikropolitik kann nicht verhindert werden. Sie kann sogar die treibende Kraft in einem Unternehmen sein, die starre Strukturen aufweicht und erfolgreiches unternehmerisches Handeln erst ermöglicht. Sie als Neuling müssen die informellen Spielregeln erkennen, wenn Sie einen guten Einstieg in den Beruf und beruflichen Erfolg wollen.

Aufgabe 10: Nehmen Sie sich die Zeit, Ihr Einstiegsunternehmen bewusst auf informelle Strukturen hin anzuschauen. Notieren Sie sich, wer in Ihrem Umfeld welche mikropolitischen Waffen einsetzt.

Hidden Agendas sind verdeckte Motive.

Mitarbeiter, die aus Eigeninteressen heraus mikropolitisch vorgehen, um inoffiziell Einfluss zu nehmen, tun das meist mit verdeckten Motiven, den *Hidden Agendas*. Als Neuling müssen Sie lernen, damit umzugehen. Schauen Sie sich das folgende Beispiel an und überlegen Sie, wie Sie sich verhalten würden: Sie sind seit einigen Wochen im Unternehmen, in Ihrer Abteilung und auf Ihrem Arbeitsplatz. Eigentlich hat alles ganz gut angefangen, aber seit ein paar Tagen haben Sie das Gefühl, dass einer Ihrer Kollegen Ihnen Aufgaben überträgt, die für Sie noch zu komplex sind. Weil Sie das zunächst nicht einschätzen können, nehmen Sie sie an, Sie wollen ja einen guten Eindruck machen. Aber Sie merken, dass die Aufgaben zu schwierig für Sie sind, und Sie machen Fehler. Ihr Kollege sieht das, kritisiert Sie vor anderen Kollegen und vor Ihrem Chef und stellt Sie damit bloß.

Dieses Dominanzspiel wird besonders von Kollegen mit Maschinenweltbild eingesetzt, um aufstrebende Berufseinsteiger und Mitarbeiter kleinzuhalten und zu disziplinieren. Die Extremform des Dominanzspiels ist das *Mobbing*, bei dem ein Mitarbeiter aus dem Team gedrängt oder entmachtet werden soll.

> Dominanzspiele sollen Sie als Berufseinsteiger kleinhalten.

Was können Sie tun? Ist ein Dominanzspiel gegen Sie im Gange und bereits so weit fortgeschritten, dass Sie sich in einer Rechtfertigungsposition gegenüber Ihrem Chef wiederfinden, ist der Karren schon so weit im Dreck, dass Sie Mühe haben werden, ihn wieder rauszuholen. Das gelingt Ihnen in der Regel nicht allein und selbst mit Hilfe des nächsthöheren Chefs oder des Betriebsrats kaum. Lassen Sie es deshalb gar nicht erst so weit kommen.

Mein Tipp: Prüfen Sie, wenn Sie unsicher sind, wer was von Ihnen will oder wer Ihnen was erzählt, und überlegen Sie, welche Eigeninteressen dahinter stecken könnten. Sobald Sie das Gefühl haben, dass etwas nicht stimmt – im oben genannten Beispiel wäre das bereits nach der ersten für Sie nicht lösbaren Aufgabe –, sollten Sie das direkte Gespräch mit dem Kollegen suchen. Führt das nicht zur Klärung, sollten Sie sofort ein Dreiergespräch mit Ihrem Chef und dem Kollegen suchen, um die Angelegenheit zu klären.

Aufgabe 11: Notieren Sie sich, bei welchen Kollegen in Ihrem Umfeld Sie welches verdeckte Motiv vermuten. Wer versucht Sie zu dominieren, sich auf Ihre Kosten zu profilieren, Sie als Verbündeten für Minimalismus oder Lästerei zu gewinnen? Und wie verhalten Sie sich gegenüber diesen Kollegen?

Beim Übergang vom Studium in den Beruf lernen Sie die ganze Bandbreite der betrieblichen Realität kennen. In den letzen Kapiteln haben Sie einiges über die unschönen Seiten dieser Wirklichkeit erfahren. Über Frustration und *Mobbing,* über Mikropolitik und falsche Freunde.

Lesen Sie jetzt, wie Sie mit den Herausforderungen einer fremden Unternehmenskultur umgehen können, um Ihren Übergang vom Studium in den Beruf erfolgreich zu gestalten.

Kulturschock in einer fremden Umgebung

Menschen neigen dazu, *vertraut* als *richtig* und *fremd* als *falsch* zu interpretieren.

Die Erfahrung der Unterschiede zwischen Studium und Beruf können einen Karrierestarter ganz schön überraschen. In einer neuen kulturellen Umgebung neigen Menschen generell dazu, alles mit der Brille *vertraut* und *fremd* wahrzunehmen. Sie erinnern sich an das Überlebensprogramm aus dem zweiten Kapitel? Leider neigen Menschen auch dazu, *vertraut* als *richtig* und *fremd* als *falsch* zu interpretieren. Und wenn die Unterschiede als derart massiv wahrgenommen werden, dass sie schockieren, droht ein Kulturschock.

Der Begriff des Kulturschocks stammt aus der Anthropologie. Er wurde erstmals 1951 von der Amerikanerin Cora Du-Bois beschrieben und 1960 von Kalvero Oberg weiterentwickelt. Er bezeichnet einen Zustand, in dem man abrupt von dem Gefühl überwältigt wird, fehl am Platze und bedroht zu sein. Obwohl Sie mit Ihrem Berufseinstieg in der Regel erstmal nicht die eigene Landeskultur, sondern nur die Organisationskultur wechseln – weg von der Hochschulkultur, hin zur Unternehmenskultur –, lohnt es sich, das Phänomen Kulturschock näher anzuschauen.

Viele Berufseinsteiger erleben den Wechsel von der Hochschulkultur in die Unternehmenskultur im wahrsten Sinne des Wortes als einen Schock. Der Kommunikationsstil ist neu, die Kleidungsregeln, selbst das Essen und die Essgewohnheiten sind anders. Eigene Werte, Glauben, Annahmen und Einstellungen werden auf die Probe gestellt.

Der Verlust einer vertrauten Umgebung kann schockieren.

Ausgelöst durch den Verlust vertrauter Zeichen und Symbole im sozialen Miteinander, stürzen Sie schockartig aus der Euphorie *Endlich arbeiten und Geld verdienen* in das Gefühl, fehl am Platz zu sein: *Was mache ich hier bloß?* Aus Neugier wird Ablehnung. Aus Ablehnung wird Hass. Der führt zum Frust. Der Frust generalisiert sich, und auf einmal stören Sie viele kleine Dinge, die Sie vielleicht noch nicht einmal persönlich betreffen. Sie werden antriebslos und deprimiert. Und an einem Tag X resignieren Sie. Die Folge: innere oder tatsächliche Kündigung. Beide Wege sind nicht wirklich zielführend für Sie und Ihre Karriere.

Wenn Sie bei sich Anzeichen eines Kulturschocks entdecken, heißt Ihre Aufgabe, sich aus der Krise zu erholen und sich der neuen Kultur anzupassen oder sich eine neue Unternehmenskultur zu suchen, zu der Sie besser passen. Lernen Sie zunächst die klassischen Phasen und die entsprechenden Symptome eines Kulturschocks kennen.

Ein Kulturschock kann Wochen und Monate anhalten und in Phasen verlaufen, die im Kurvendiagramm ein U bilden:

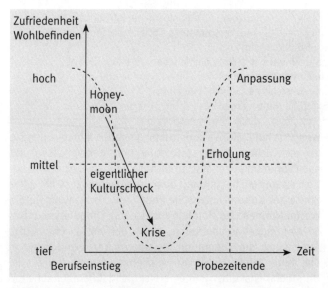

Phasenverlauf eines Kulturschocks: rein, runter und rauf (nach Kalervo Oberg)

In der ersten Phase, der *Honeymoon-Phase*, sind Sie voller Euphorie und Vorfreude auf Ihren Einstieg in das Unternehmen, die neue Unternehmenskultur und alles, was auf Sie zu-

Kulturschockphase 1: *Honeymoon*, alles ist aufregend!

kommt. Sie finden alles aufregend und interessant. Diese Euphorie nimmt erfahrungsgemäß schnell ab, weil Ihnen zunehmend auffällt, dass nicht alles so ideal ist, wie Sie sich das vorgestellt, gewünscht oder vielleicht sogar erwartet haben.

Kulturschockphase 2:
Krise, alles ist schlecht!

Sie entfremden sich und kommen in die zweite Phase, die Krise, und damit in den eigentlichen Kulturschock. Typische Gedanken sind: *Das habe ich mir anders vorgestellt, an der Hochschule war das besser.* Mangelnde Kenntnisse des Miteinanders im Unternehmen lassen Sie in Fettnäpfe treten. Sie fühlen sich zunehmend unwohl. Am Tiefpunkt geben Sie dem Unternehmen die Schuld dafür und verherrlichen die vertraute Hochschulkultur. Das Gefühl der Hilflosigkeit und der Zurückweisung durch andere, körperliche Stressreaktionen und Einsamkeit sind die Krisensymptome des Kulturschocks.

---

7 Symptome des Kulturschocks
1. Stress und Ermüdung aufgrund notwendiger Anpassungsleistungen
2. Schlaflosigkeit, Appetitlosigkeit, Gereiztheit, Antriebslosigkeit, körperliche Beschwerden wie zum Beispiel Magenschmerzen, Verspannung, Kopfschmerzen
3. Verlustgefühl (Freunde, Status, Umfeld)
4. Gefühl der Ablehnung. Sie lehnen sich selbst, die Kollegen oder den Chef ab.
5. Verwirrung und Unklarheit über die eigene Rolle, Werte, Gefühle und Identität
6. Überraschung, Empörung, Unsicherheit, Angst, Einsamkeit
7. Frustration, Ohnmachtsgefühl, Hilflosigkeit

Kulturschockphase 3:
Erholung, Sie fangen an zu verstehen.

Kulturschockphase 4:
Anpassung, Sie integrieren sich.

Wenn Sie mit der Krise konstruktiv umgehen lernen, wenn Sie auf sich achten, Andersartiges erstmal gelten lassen und nach vorne schauen, statt frustriert und resigniert das Handtuch zu werfen, beginnt mit dem Erholungsprozess die dritte Phase des Kulturschocks: Sie entwickeln Verständnis für die Werte, Normen und Handlungsweisen im Unternehmen. Das ist eine gute Voraussetzung, um in der vierten Phase, der Anpassung, die Integration ins Unternehmen und damit in die neue Arbeitskultur zu vollziehen. Sie verstehen die Unternehmenskultur immer besser und übernehmen typische Verhaltensweisen.

Manche Karrierestarter spüren am Übergang vom Studium in den Beruf zwar ein leichtes Unwohlsein, sind jedoch weit von einem Kulturschock entfernt. Für diejenigen, die es härter trifft, weil sie vielleicht in einer fremden Stadt, weit weg vom bekannten sozialen Umfeld beruflich einsteigen und sich sehr einsam fühlen oder generell emotional sensibler auf Veränderung reagieren, gibt es eine Strategie zur Überwindung.

Umgang mit einem Kulturschock

Eine sehr gute Strategie gegen den Unternehmenskulturschock besteht ganz einfach darin, dass Sie sich rechtzeitig vor Ihrem ersten Arbeitstag so viele Informationen über Ihren neuen Arbeitgeber beschaffen wie möglich: über die Kleiderordnung, das Kantinenessen, den Umgangston, die Pausenregelung und weitere Gepflogenheiten. Das kann Sie später vor unangenehmen Überraschungen bewahren.

Sollten Sie dennoch eine ablehnende Haltung gegenüber Ihrem neuen Umfeld entwickeln, können Sie konstruktiv damit umgehen: Machen Sie sich bewusst, was sich für Sie alles konkret ändert, und sagen Sie sich ganz bewusst, dass das *Fremde* nicht gleichzeitig das *Falsche* ist. Zeigen Sie sich an einer Integration im Unternehmen interessiert, indem Sie möglichst offen und aktiv auf Ihre Kollegen zugehen und Fragen stellen. Treten Sie auf jeden Fall zunächst beobachtend und zurückhaltend auf, denn dann werden Sie eher von den Kollegen integriert, als wenn Sie sich besserwisserisch, rebellisch und ablehnend verhalten.

Motivieren Sie sich selbst, indem Sie sich immer wieder Ihre beruflichen und privaten Ziele vor Augen führen. Achten Sie auf Ihre Balance, denn Ihre Gesundheit ist Ihre Basis, und Ihr persönliches Umfeld ist Ihr Rückhalt. Gönnen Sie sich genügend Ruhephasen nach Feierabend und an den Wochenenden, ernähren Sie sich ordentlich und bewegen Sie sich ausreichend. Das Wissen um das Phänomen des Kulturschocks und die Gewissheit, dass es sich bei der emotionalen Destabilisierung um eine normale Reaktion auf eine belastende Situation handelt, die zeitlich begrenzt ist, kann ebenfalls dabei helfen, die Krise zu überwinden.

Wer trotz dieser Strategie das Gefühl behält, fehl am Platz zu sein, wer sich langsam sozial isoliert, innere Leere spürt, sich zunehmend freudlos und sorgenvoll fühlt, der sollte ernsthaft überlegen, das Unternehmen zu verlassen, psychologische Unterstützung einholen oder beides. Denn dann ist es möglich, dass Sie sich auf eine Anpassungsstörung mit depressiver Verstimmung als Reaktion auf ein einmaliges oder fortbestehendes belastendes Ereignis zubewegen. In der In-

> Gegen Kulturschock ist ein Kraut gewachsen: Machen Sie sich bewusst, dass *fremd* nicht automatisch *falsch* ist!

Klären Sie für sich, ob Sie eine Störung mit Krankheitswert haben.

ternationalen Klassifikation psychischer Störungen, der ICD 10, wird dieses Krankheitsbild als *F43.3 Anpassungsstörung* und *Z60 Schwierigkeiten bei der kulturellen Eingewöhnung* klassifiziert.

In Ihrem bisherigen Umfeld der Hochschule waren Sie in Ihrer bisherigen Rolle als Student mit Ihrem bisherigen Verhalten mehr oder weniger erfolgreich. Sie waren selbstwirksam, das heißt, Sie konnten einschätzen, was Sie tun müssen, um Ihre Ziele zu erreichen. Und deshalb konnten Sie mehr oder weniger an sich und Ihre Fähigkeiten glauben.

In Ihrem neuen Umfeld, dem Unternehmen, und in Ihrer neuen Rolle, als Arbeitnehmer, stoßen Sie mit Ihrem bisherigen Verhalten an Grenzen. Es fällt Ihnen zunächst schwer, einzuschätzen, was Sie tun müssen, um etwas zu erreichen. Dadurch kann der Glaube an die eigenen Fähigkeiten und damit die Selbstwirksamkeitserwartung schwinden. Und darunter leiden in der Regel das Selbstbewusstsein und Ihre *Performance*. Dieser Kreislauf kann sich negativ auf Ihre Karriere auswirken.

Im nächsten Crashkurs erfahren Sie deshalb etwas über die Selbstwirksamkeit und darüber, wie Sie den Glauben an sich selbst trainieren können. Nichts kann den Menschen mehr stärken und selbstbewusster machen, als das Vertrauen, das man ihm entgegenbringt. Und nichts macht Sie unabhängiger, als die Fähigkeit, sich selbst zu vertrauen.

CRASHKURS: SELBSTWIRKSAMKEIT

Ihr Glaube an sich selbst

Wer an sich selbst glaubt, ist klar im Vorteil.

Der Glaube kann bekanntlich Berge versetzen. Glauben Sie an sich? Glauben Sie, dass Sie durch Ihr eigenes Tun, durch Engagement und Anstrengung etwas Entscheidendes bewirken können? Erwarten Sie, aufgrund Ihrer Kompetenzen Ihre Aufgaben erfolgreich bewältigen zu können? Dann besitzen Sie das, was Psychologen eine hohe Selbstwirksamkeitserwartung nennen. Und diese Persönlichkeitseigenschaft ist für Ihre Karriere sehr wichtig.

Menschen mit einer hohen Selbstwirksamkeitserwartung sind davon überzeugt, dass sie in der Lage sind, trotz Hindernissen oder Verlockungen ihre Ziele zu verwirklichen. Wer hingegen unsicher ist, ob er das Vorgenommene schaffen kann, hat eine geringe Selbstwirksamkeitserwartung. Vorsätze und Pläne umzusetzen und Ziele zu erreichen, fällt diesen Menschen schwer.

Wenn Sie an sich und Ihre Fähigkeiten glauben, werden Sie Ihr Leben aktiv gestalten und sich dadurch wiederum als selbstwirksam erleben. Durch diese positive Rückkoppelung, die sich selbst erfüllende Prophezeiung, wird Ihr Glauben an Sie selbst stärker. Dadurch werden Sie selbstsicherer, bewirken mehr und setzen sich höhere Ziele, was sich wiederum verstärkend auf Ihren Glauben an Ihre Fähigkeiten auswirkt. Sie sehen einen großen Gestaltungsspielraum und nutzen diesen. Das ist für Ihren beruflichen Erfolg und für Ihre Karriere sehr nützlich.

Der Rückkoppelungskreislauf hoher Selbstwirksamkeitserwartungen (links) und niedriger Selbstwirksamkeitserwartungen (rechts)

Wenn Sie hingegen der Überzeugung sind, dass in erster Linie die äußeren Umstände, andere Menschen oder Schicksale und Zufälle für alles verantwortlich sind, erwarten Sie gar nicht erst, dass Sie in Ihrem Leben etwas Besonderes erreichen können. Sie glauben nicht an Ihre Fähigkeiten, setzen sich keine entsprechenden Ziele, verhalten sich unsicher und passiv und bewirken entsprechend wenig. Das schwächt Ihren Glauben an Ihre Fähigkeiten. Durch diese negative Rückkoppelung, ebenfalls eine sich selbst erfüllende Prophezeiung, fühlen Sie sich schnell als Opfer der Umstände.

Zu Beginn Ihrer Karriere werden Sie je nach beruflicher Einstiegsform und Unternehmen mehr oder weniger viele Möglichkeiten haben, selbst wirksam zu werden. Je stärker

Wer nicht an sich selbst glaubt, schwächt sich.

die Hierarchie im Unternehmen ausgeprägt ist und je maschinistischer Ihr Chef die Entscheidungen trifft und Sie die Anweisungen umsetzen müssen, desto weniger selbstwirksam werden Sie sich erleben.

Eingeschränkte Möglichkeiten, Selbstwirksamkeitserfahrungen zu sammeln, wirken sich auf Dauer ungünstig auf Ihr Selbstbewusstsein aus. Deshalb ist gerade für Berufseinsteiger eine hohe Selbstwirksamkeitserwartung und ein Trainingsprogramm zur Stärkung der Selbstwirksamkeit wichtig. Testen und trainieren Sie den Glauben an sich selbst. Beantworten Sie zur Einschätzung Ihrer Selbstwirksamkeit die folgenden zehn Fragen. Wie immer gibt es keine richtigen oder falschen Antworten. Überlegen Sie daher nicht, welche Antworten den besten Eindruck machen könnten. Kreuzen Sie spontan das an, was Ihrer Einstellung und Empfindung entspricht. Nehmen Sie Ihr Ergebnis als Anregung für weitere Überlegungen.

Zehn Fragen zur Selbstwirksamkeitserwartung	Trifft zu	Trifft nicht zu
1 Ich komme auch in unerwarteten Situationen gut zurecht.		
2 Für die Lösung beruflicher Probleme fällt mir immer wieder etwas Gutes ein.		
3 Ich habe immer einen Einfluss auf meine Lebenssituation.		
4 Es bereitet mir keine Schwierigkeiten, meine Absichten und Ziele zu verwirklichen.		
5 Ich komme auch mit größeren Schwierigkeiten klar.		
6 Viele Aufgaben gelingen mir aufgrund meiner Fähigkeiten.		
7 Was ich im Leben erreiche, hängt maßgeblich von mir selbst ab.		
8 Ich nehme mein Leben selbst in die Hand und verlasse mich nicht auf das Schicksal.		
9 Wenn mir etwas wichtig ist, setze ich mich auch gegen größere Widerstände durch.		
10 Ich kann mich auf meine Fähigkeiten verlassen.		

Auswertung Selbstwirksamkeitserwartung	
Weniger als fünf Mal *Trifft zu*	Sie haben eine eher gering ausgeprägte Selbstwirksamkeitserwartung und erleben die Dinge als außerhalb Ihrer eigenen Einflussmöglichkeiten. Beachten Sie, dass die negative Rückkoppelung dazu führen kann, dass Sie hinter Ihren Möglichkeiten zurückbleiben.
Mehr als fünf Mal *Trifft zu*	Sie haben eine eher hoch ausgeprägte Selbstwirksamkeitserwartung und sind der Überzeugung, die meisten Dinge im Leben kontrollieren zu können. Nutzen Sie die positive Rückkoppelung bewusst, um sich herausfordernde berufliche Ziele zu setzen.

Wie hoch ist Ihre Selbstwirksamkeitserwartung ausgeprägt? Ist Ihre Überzeugung, die Dinge beeinflussen zu können, eher stark? Wenn ja, können Sie beim Übergang vom Studium in den Beruf darauf vertrauen, dass Sie auch in Situationen mit geringer Möglichkeit für Selbstwirksamkeitserfahrungen erst einmal motiviert bei der Sache bleiben. Fällt Ihre Überzeugung, Einfluss auf die Dinge nehmen zu können, eher schwach aus, sollten Sie spätestens beim Berufseinstieg den negativen Rückkoppelungskreislauf geringer Selbstwirksamkeitserwartungen durchbrechen. Wie das funktioniert, lesen Sie jetzt.

Trainingsprogramm Selbstwirksamkeit

Bei Ihrer Selbstwirksamkeitserwartung handelt es sich wie bei allen Persönlichkeitseigenschaften um ein gelerntes Muster. Die Grundlagen dafür haben sich bereits in Ihrer Kindheit gebildet. Schon bis zu Ihrem fünften Lebensjahr haben Sie viele Selbstwirksamkeitserfahrungen gemacht: Sie haben gelernt zu laufen, zu essen, zu trinken, auf die Toilette zu gehen, einen Ball zu werfen und zu fangen, auf einen Baum zu klettern und vieles mehr – soweit Ihre Eltern dieses Lernen und damit die Möglichkeit der Selbstwirksamkeitserfahrung zugelassen haben.

Kinder erleben sich täglich hundertfach als selbstwirksam.

Manche Eltern sind jedoch eher ängstlich veranlagt, sehr sorgenvoll und wollen ihren Kindern alles abnehmen. Diese Eltern behüten ihre Kinder über die Maßen und trauen ihren Sprösslingen wenig zu: *Achtung, nicht auf den Baum klet-*

tern, das ist gefährlich, da kannst Du Dich verletzen, warte, ich helfe Dir, sonst machst Du noch neben die Toilettenschüssel, nein, nicht mit dem Ball werfen, Du könntest Deine Schwester verletzen.

Solche gut gemeinten Hilfen führen dazu, dass sich das Kind als wenig selbstwirksam erlebt. Die Eltern sind immer da und nehmen dem Kind die Verantwortung und damit die Möglichkeit, selbst Erfahrungen zu machen, ab. Und so lernen Kinder, dass sie wenig Einfluss auf die Dinge haben und dass die anderen, hier die Eltern, alles regeln.

Die gute Nachricht ist, dass Sie alles, was Sie einmal gelernt haben, auch wieder verlernen können. Und das heißt, Sie können den negativen Rückkoppelungskreislauf geringer Selbstwirksamkeitserwartungen durchbrechen. Dazu lohnt es sich zu schauen, wodurch die Selbstwirksamkeit eines Menschen beeinflusst wird. Der Psychologe Albert Bandura hat vier Quellen der Selbstwirksamkeitserwartung benannt: das Meistern schwieriger Situationen, das Beobachten von Vorbildern, die soziale Unterstützung und physiologische Reaktionen. Achten Sie in den nächsten Wochen einmal bewusst darauf, welche Quelle bei Ihnen wie stark sprudelt.

Meistern schwieriger Situationen

Letzte Woche habe ich das auch geschafft. Wenn Sie schwierige Situationen erfolgreich bewältigen, stärkt das Ihren Glauben an die eigenen Fähigkeiten. Sie werden sich auch in Zukunft zutrauen, vergleichbar schwierige Situationen zu meistern. Misserfolge bei der Bewältigung von schwierigen Situationen führen dazu, dass Sie an Ihrer Kompetenz zweifeln und ähnliche Situationen eher meiden werden.

Beobachten von Vorbildern

Na, wenn der das geschafft hat, schaffe ich das auch. Wenn Menschen in Ihrer Umgebung mit ähnlichen oder gleichen Fähigkeiten, wie Sie sie haben, schwierige Situationen meistern, trauen Sie sich auch eher zu, ähnlich schwierige Situationen zu meistern. Haben solche Personen Misserfolg beim Bewältigen schwieriger Situationen, sinkt Ihr Zutrauen, vergleichbare Situationen meistern zu können. Je größer die Ähnlichkeit zu den beobachteten Menschen ist, desto stärker

---

Eltern sollten Kinder machen lassen, damit sie sich als selbstwirksam erleben können.

Erinnern Sie sich an die letzte schwierige Situation, die Sie bewältigt haben.

Denken Sie an jemanden, der ähnliche Fähigkeiten hat wie Sie und der eine schwierige Situation, vor der Sie noch stehen, bereits gemeistert hat.

ist die positive oder auch negative Beeinflussung durch das Vorbild.

Soziale Unterstützung

Das trau ich Dir zu. Wenn Ihnen von anderen Menschen zuge- Wer in Ihrem Freundes-
traut wird, eine schwierige Situation zu meistern, strengen kreis glaubt an Sie?
Sie sich eher an, Sie glauben mehr an sich und bewältigen
Dinge, die Sie ohne dieses Fremdzutrauen nicht geschafft
hätten. Wenn andere an Ihren Fähigkeiten zweifeln, verunsichert Sie das, lässt Sie selbst an Ihren Fähigkeiten zweifeln
und schwierige Situationen eher nicht bewältigen.

Physiologische Reaktionen

Erstmal durchatmen. Ihre Körperreaktionen in einer neuen
Situation mit neuen Anforderungen bilden die Grundlage für
Ihre Situations- und Selbstwirksamkeitseinschätzung. Wenn
Sie in neuen Situationen zum Schwitzen, Frösteln, Zittern
oder Erröten neigen oder Ihr Herz wie verrückt zu klopfen beginnt, führt das oft zu emotionalen Reaktionen wie Anspannung und Angst.

Solche Körperzeichen können schnell zu Selbstzweifeln Lernen Sie, Ihre
und damit zu einem geringen Zutrauen führen, die neue Situ- Körperreaktionen zu
ation bewältigen zu können. Das Verstehen der körperlichen verstehen!
Stressreaktionen und ihr bewusster Abbau kann helfen, ent-
spannter an neue Situationen und Anforderungen heranzu-
gehen und sie so besser zu meistern. Mehr zum Thema Stress
und Abbau von Stressreaktionen lesen Sie im achten Kapitel
Balance halten.

Die vier Quellen der Selbstwirksamkeitserwartung können
Sie bewusst und aktiv im Alltag nutzen, um Ihre Selbstwirksamkeit zu steigern. Da sich die Selbstwirksamkeit vor allem
in der Praxis, das heißt beim Handeln entwickelt, lade ich Sie
hier herzlich ein, das folgende Trainingsprogramm durchzuführen und dabei praktische Erfahrungen zu sammeln.

Notieren Sie Ihre Selbsterfahrungen, die Sie im Laufe der
Trainingseinheiten machen, wiederum in Ihrem Trainingsbuch. Fertigen Sie sich eine Selbstwirksamkeitsliste an, in
der Sie die Situationen und Handlungen notieren, die zu
einem positiven Ergebnis geführt haben, mit dem Sie und andere sehr zufrieden waren.

Trainingsprogramm Selbstwirksamkeitserwartung	
Trainingseinheit 1	*Letzte Woche habe ich das auch geschafft.* Setzen Sie sich realistische und kurzfristig erreichbare Ziele, privat und beruflich. Wo können Sie in Ihrem Umfeld selbstwirksam sein, etwas selbst bewirken? Im privaten Bereich können Sie Freunde einladen und selbst etwas kochen. Oder Sie streichen Ihr Zimmer selbst. Vielleicht nähen Sie gerne, dann nähen Sie sich selbst etwas zum Anziehen. Im beruflichen Bereich können Sie sich vornehmen, in der ersten Arbeitswoche alle neuen Kollegen in Ihrer Abteilung mit Namen und Aufgabenfeld kennenzulernen. Wenn Sie Ihr Vorhaben umgesetzt und Ihr Ziel erreicht haben, ist es wichtig, dass Sie sich Ihren Erfolg bewusst machen und sich selbst zuschreiben.
Trainingseinheit 2	*Na, wenn der das geschafft hat, schaffe ich das auch.* Suchen Sie sich in Ihrem privaten und beruflichen Umfeld Vorbilder, die ähnliche Fähigkeiten haben wie Sie. Welche Menschen in Ihrer Umgebung haben ein ähnliches Kompetenzprofil wie Sie? Schauen Sie bewusst, welche Situationen diese Menschen auf welche Art gut meistern. Und dann trauen Sie sich an gleiche Herausforderungen ran. Denn wenn andere das schaffen, dann schaffen Sie das auch.
Trainingseinheit 3	*Das trau' ich Dir zu.* Schaffen Sie sich privat und beruflich ein positives menschliches Umfeld. Welche Menschen in Ihrer Umgebung glauben an Sie? Umgeben Sie sich bewusst mit solchen Menschen, die Ihnen etwas zutrauen, die an Ihre Fähigkeiten glauben und die Sie schätzen. Mark Twain hat einmal gesagt: *Keep away from people who try to belittle your ambitions. Small people always do that, but the really great make you feel that you, too, can become great.*
Trainingseinheit 4	*Erstmal durchatmen.* Achten Sie bewusst auf Ihre Körperreaktionen, wenn Sie in neue Situationen kommen und vor neuen Anforderungen stehen. Führen Sie sich vor Augen, dass es normal ist, dass Ihr Körper auf Neues reagiert. Denn Neues ist Stress und bei Stress schüttet Ihre Nebennierenrinde Adrenalin und Cortisol aus. Diese Hormone führen zu Körperreaktionen. Manche Menschen reagieren stärker, manche schwächer. Bauen Sie Ihre körperlichen Stressreaktionen bewusst ab, indem Sie erstmal durchatmen. Sie können sich auch mit der *Worst-Case*-Frage beruhigen: Was ist das Schlimmste, das in der neuen Situation passieren kann? Sie werden schnell feststellen, dass es selten um Leben oder Tod geht.

BALANCE HALTEN

In der Vollerwerbstätigkeit müssen Sie Ihr Leben um eine Vierzigstundenwoche herumorganisieren. Das stellt neue Anforderungen an Ihre Selbstmanagementfähigkeit. Im achten Kapitel lesen Sie, wie Sie im Gleichgewicht bleiben und Ihr Berufsleben und Ihr Privatleben unter einen Hut bekommen.

Klären Sie auf den folgenden Seiten die drei Fragen:
1. Wie gehe ich mit Stress um?
2. Bin ich generell *Burn-out*-gefährdet?
3. Was ist mir außerhalb meiner Arbeit noch wichtig?

Burn-out – der Zustand völliger Erschöpfung

Die Woche hat 168 Stunden. Davon schlafen Sie bei durchschnittlich acht Stunden pro Nacht 56 Stunden. Sie arbeiten mit Pausen pro Tag neun Stunden, das macht 45 Stunden Anwesenheit beim Arbeitgeber. In der Regel stehen Sie morgens zeitig auf, um sich für die Arbeit zu richten. Wenn Sie dafür nur eine Stunde pro Tag rechnen, ergibt das weitere fünf Stunden im Sog der Arbeit. Wir sind, ohne Fahrtzeiten, mittlerweile bei 106 Stunden, das heißt von der Woche bleiben 62 Stunden für Privates übrig.

> Die Woche hat 168 Stunden. Mehr als 100 davon verbringen Sie mit Arbeiten und Schlafen.

Sie müssen unter der Woche einkaufen, die Wohnung putzen, Dinge regeln. Sie wollen vielleicht mit Freunden telefonieren oder etwas unternehmen. Und Sie werden in Ihrer Berufseinstiegsphase auch viele Dinge nachzulesen und Überstunden zu machen haben. Das heißt, es wird zeitlich ganz schön eng für Sie. Die meisten Berufseinsteiger kommen bei dem Versuch, alles unter einen Hut zu bringen, erstmal aus dem Gleichgewicht. Um längerfristig leistungsfähig zu bleiben und Lebensqualität zu erhalten, ist körperliche und psychische Gesundheit jedoch unerlässlich.

Es gibt genügend Beispiele von Karrierestartern, die in den ersten Monaten deutlich an Gewicht zugelegt oder bedenklich abgenommen haben. Durch schlechte Ernährung und zu wenig Bewegung. Und einige Berufseinsteiger entwickeln bereits im ersten Berufsjahr ein stressbedingtes Überlastungssyndrom, das zum *Burn-out* führen kann.

> Balance oder *Burn-out* – das ist hier die Frage.

Statistiken aller großen Krankenkassen belegen, dass der Anteil der Fehltage am Arbeitsplatz aufgrund psychischer Er-

Psychische Erkrankungen liegen bereits auf Platz vier in der Fehltagestatistik der Krankenkassen.

krankungen zunimmt. Erschöpfungsdepressionen und Angststörungen liegen bereits auf dem vierten Rang der Ursachen für Fehltage, gleich nach Muskel- und Skeletterkrankungen, Atemwegserkrankungen und unfallbedingten Verletzungen.

Auslöser psychischer Erkrankungen sind unter anderen die gestiegene Arbeitsbelastung und eine zunehmende Entgrenzung von Arbeit und Privatleben. Neue Technologien machen es möglich, jederzeit und an jedem Ort zu arbeiten und erreichbar zu sein. Dadurch erholen und entspannen sich viele Menschen nicht mehr ausreichend. Chronische Stressbelastung ist die Folge.

Krankheitsfaktor Stress

Die Kosten, die den Unternehmen durch stressbedingte Ausfälle entstehen, sind mittlerweile so hoch, dass selbst hartgesottene Firmenbosse nicht mehr wegschauen können und ein betriebliches Gesundheitsmanagement installieren, um ihre Mitarbeiter gesund und leistungsfähig zu halten. Aber bitte keine Illusionen: Unternehmen machen das, um Geld zu sparen, nicht um Ihnen etwas Gutes zu tun. Wenn es Unternehmen möglich wäre, auf Mitarbeiter zu verzichten, würden sie das tun. Und wenn Sie sich die Geschichte der Rationalisierung einmal anschauen, werden Sie sehen, dass es in vielen Bereichen bereits gelungen ist, auf Personal zu verzichten. Maschinen werden nicht krank.

Natürlich weiß der Mensch, was er wirklich braucht. Aber dann hat er doch wieder keine Zeit.

Als Berufseinsteiger sollten Sie nicht darauf warten, bis Sie stressbedingt reif für die Insel sind. Lesen Sie weiter, wie Sie es schaffen, trotz der Herausforderung des Karrierestarts und Ihrer anspruchsvollen Arbeit die Balance zu halten. Prüfen Sie zunächst Ihre Einstellung. Denken Sie, dass Stress ein Zeichen für Leistung ist? Dass jeder Stress hat und wer ihn nicht hat, nichts arbeitet? Sind Sie vielleicht sogar der Meinung, dass ein *Burn-out* eine Trophäe für den modernen Helden der Arbeit ist? Dann sollten Sie weiterlesen und erfahren, was dauerhafter Stress mit Ihnen macht.

Fakten aus der Hirnforschung belegen, dass unabhängig von der Art eines äußeren Reizes bei jeder intensiven Reizeinwirkung im Körper dasselbe Reaktionsmuster abläuft: die Ausschüttung der Neurotransmitter Adrenalin und Noradrenalin aus der Nebennierenrinde sowie die zeitlich verzögerte Freigabe verschiedener Stresshormone im Gehirn, im Hypothalamus und der Hypophyse, die den Körper in belastenden Gefahrensituationen leistungsfähiger machen. Der Körper unterscheidet nicht die Arten von Reiz. Die gebräuchliche Unterscheidung zwischen Eustress und Distress, also gutem und schlechtem Stress, ist neurobiologisch gesehen falsch. Stress ist Stress.

Akuter und chronischer Stress

Sinnvoll erscheint vielmehr die Unterscheidung zwischen akutem und chronischem Stress. Akuter Stress ist wichtig und kann uns retten, wenn wir angreifen oder fliehen müssen. Außerdem kann uns akuter Stress zu Hochleistungen bringen, wenn es darauf ankommt. Chronischer Stress hingegen macht krank und dumm. Ja, Sie haben richtig gelesen. Chronischer Stress macht dumm, denn je mehr chronischen Stress ein Mensch erlebt, desto kleiner und desto weniger funktionstüchtig wird der Hippocampus, das menschliche Gehirnareal, das für Wissen und Merken zuständig ist. Zellen in diesem Gehirnareal sterben irreversibel ab. Menschen mit chronischem Stress sind dadurch weniger leistungsfähig.

Chronischer Stress macht dumm.

Außerdem macht chronischer Stress krank. Objektive Stressoren sind zum Beispiel Reizüberflutung, zu viel Aktivitäten, Isolation, Ärger, Konflikte oder Lärm. Im Wesentlichen ist Stress jedoch das, was Sie ganz individuell als stressig empfinden. Jeder Mensch kennt andere Stressoren. Überlegen Sie, welche äußeren Reize Sie als stressig empfinden und schreiben Sie sie auf.

Chronischer Stress macht krank.

In der Arbeitswelt haben Sie oft wenig oder sogar keinen Einfluss auf die äußeren Stressoren. Die Arbeitsbedingungen werden vorgegeben, die Kollegen und Chefs können Sie sich nicht aussuchen. Und anders als unsere Vorfahren vor 10.000 Jahren im Urwald haben Sie auch seltener die Möglichkeit, die ausgeschütteten Neurotransmitter und Hormone durch Angriff oder Flucht abzubauen. So wirken diese in Ihrem Körper lange nach, und es braucht Zeit, bis sich der Körper wieder in ein physiologisches Gleichgewicht gebracht hat. Ohne Ihr Zutun dauert das zu lange, denn der nächste Arbeitstag steht morgen schon wieder vor der Tür. Und hier liegt der schleichende Anfang eines *Burn-outs*.

Die Stresshormone in der Blutbahn müssen abgebaut werden.

Bei chronischem Stress haben Sie dauerhaft zu viel Adrenalin, Noradrenalin, Corticotropin-Releasing-Hormon (CRH), Adrenocorticotropes Hormon (ACTH), Cortisol und Vasopressin in der Blutbahn. Und dieser Hormoncocktail ist dafür verantwortlich, dass Ihr Blutdruck steigt, Ihr Puls zu schnell schlägt, die Muskeln verkrampfen, die Magensäurebildung zu hoch ist und die Verdauungsorgane schlecht durchblutet werden. Die Folgen sind Verdauungsprobleme, Magengeschwüre, Verspannungen mit Kopfschmerzen, Herzbeschwerden, Herz-Kreislauf-Erkrankungen und Gefäßverengung. Ihre Leistungsfähigkeit nimmt ab, Sie fühlen sich schon morgens beim Aufstehen schlapp, die Arbeit strengt Sie an, Sie sind schnell gereizt, es fällt Ihnen schwer, sich zu konzentrieren. Die ersten Anzeichen einer massiven Überforderung.

Löschen Sie Ihre Brandbeschleuniger, bevor Sie in Flammen stehen.

Besonders Menschen mit sehr hoher Leistungsbereitschaft sind gefährdet. Sie muten sich dauerhaft mehr zu, als sie bewältigen können. Und wer zu lange zu viel macht und zu wenig auf sich achtet, den kann es umhauen. Die Wechselwirkung zwischen verschiedenen Situations- und Persönlichkeitsfaktoren kann besonders gefährlich werden. Ein übermäßig motivierter und perfektionistischer Mensch wird in einer Situation mit hohen Anforderungen und geringen Einflussmöglichkeiten leiden wie ein Hund.

Prüfen Sie, welche der aufgeführten Brandbeschleuniger für Sie und Ihre aktuelle Situation zutreffen. Die meisten Faktoren haben Sie bereits kennengelernt.

Brandbeschleuniger für *Burn-out*	
Situationsfaktoren: hohe Anforderungen, geringer Einfluss	**Persönlichkeitsfaktoren:** hohe Motivation, Perfektionismus
1. Hohe Verantwortung	1. Idealismus, Übereifer
2. Hoher Zeitdruck	2. Unterdrücken von Gefühlen
3. Mangel an positivem Feedback	3. Hang, alles selbst machen zu wollen, sich nicht helfen zu lassen
4. Hierarchieprobleme	
5. Unberechenbarer Chef	4. Schwierigkeiten, freie Zeit zu nehmen und zu genießen
6. Unrealistische Erwartungen an Sie	
7. Überforderung mit Aufgaben	5. Perfektionismus, Zwanghaftigkeit
8. Schlechte Arbeitsorganisation	6. Hohes Kontrollbedürfnis
9. Unterbesetzung in der Abteilung	7. Übermäßiges Verantwortungsbewusstsein
10. Wenig Einflussmöglichkeiten	8. Hang zu unrealistisch großen Schuldgefühlen

Wenn Sie wenig oder keinen Einfluss auf äußere Stressoren Ihrer Arbeit haben, können Sie zumindest an Ihren Persönlichkeitsfaktoren, an Ihren Einstellungen und an Ihren Stressreaktionen ansetzen, um Stress zu reduzieren. Betreiben Sie Ihr eigenes Stressmanagement. Der Psychologe Gert Kaluza hat dazu ein hervorragendes Stressbewältigungsprogramm entwickelt. Führen Sie eine Bestandsaufnahme durch.

3-Punkte-Stressanalyse

1. Stressoren bestimmen: Notieren Sie zunächst, wann und wodurch Sie in Stress geraten. Ergänzen Sie dazu den Satz: *Ich gerate in Stress, wenn ...*
2. Einstellungen prüfen: Überlegen Sie, wodurch Sie sich selbst unter Druck setzen. Ergänzen Sie dazu den Satz: *Ich setze mich selbst unter Druck, indem ...*
3. Stressreaktionen wahrnehmen: Klären Sie, welche Reaktionen Sie zeigen, wenn Sie in Stress kommen. Ergänzen Sie dazu den Satz: *Wenn ich im Stress bin, dann ...*

Ihre Analyse könnte zum Beispiel so aussehen: *Ich gerate in Stress, wenn ich zu viele Aufgaben übernehme und in Zeitdruck komme. Ich setze mich selbst unter Druck, indem ich alles perfekt machen will. Wenn ich im Stress bin, dann werde ich unruhig und verspanne mich.* Oder: *Ich gerate in Stress, wenn ich vor vielen Menschen sprechen soll. Ich setze mich selbst unter Druck, indem ich bei allen gut ankommen will. Wenn ich im Stress bin, dann werde ich rot im Gesicht und mein Mund wird trocken.*

Mit dieser einfachen Drei-Schritt-Stressanalyse haben Sie das diffuse Schreckgespenst Stress konkret greifbar gemacht. Allein dadurch verliert es an Macht. Und nun können Sie handeln. Erstellen Sie sich entsprechend der folgenden drei Schritte Ihr persönliches Stressbewältigungsprogramm.

Das Schreckgespenst Stress greifbar machen.

3-Punkte-Stressbewältigungsprogramm

1. Stressoren verringern: Reduzieren Sie äußere private und berufliche Belastungen, so weit wie möglich, zum Beispiel, indem Sie mit Ihrem Chef eine bessere Arbeitsverteilung in der Abteilung verabreden.
2. Einstellungen ändern: Überprüfen und verändern Sie Ihre persönlichen Einstellungen und Bewertungen. Lernen Sie Stress vermindernd zu denken. Zum Beispiel können Sie lernen, Ihre Leistungsgrenzen zu akzeptieren.
3. Stressreaktionen abbauen: Zebras haben deshalb keinen chronischen Stress, weil sie viel rennen. Unterschätzen Sie nicht die Wirkung von Bewegung. Anspannung lässt sich am leichtesten, schnellsten und wirksamsten durch Sport abbauen.

Ihr persönliches Stressbewältigungsprogramm für Punkt 1 könnte so aussehen:

Führen Sie Ihr eigenes Stressbewältigungsprogramm durch.

Ich verringere meine Stressoren, indem ich weniger Aufgaben übernehme. Wenn das nicht möglich ist, optimiere ich meine Arbeitsorganisation und mein Selbstmanagement. Außerdem lerne ich, mit zehn Fingern zu tippen. Dadurch reduziere ich meinen Zeitdruck. Ich relativiere meinen Perfektionismus. Ich bin keine Maschine und selbst die machen Fehler. Wenn ich wieder in Zeitdruck komme, prüfe ich genau, welche Aufgaben ich wie perfekt erledigen werde. Es gibt Aufgaben, die zu 100 Prozent stimmen müssen, andere sind mit 80 Prozent Erfüllungsgrad okay. Zudem fange ich an, abends regelmäßig eine Viertelstunde zu laufen. Das baut Stresshormone ab und löst Verspannungen.

Zebras haben keinen Stress, weil sie viel rennen.

Ihr persönliches Stressbewältigungsprogramm für Punkt 2 könnte so aussehen:

Ich verringere meine Stressoren, indem ich weniger Präsentationen vor Gruppen annehme. Wenn das nicht möglich ist, absolviere ich ein Präsentationstraining. Zudem überprüfe ich meinen Antreibersatz, dass ich jedem der Zuhörer gefallen muss. Das stimmt so nämlich nicht. Ich kann es nicht jedem recht machen. Ich kann mich gut vorbereiten und mein Bestes geben. Wem das nicht genug ist, kann ich auch nicht helfen. Außerdem kann ich an der Stressreaktion ansetzen, indem ich mich gut schminke, damit die Zuhörer nicht sehen, dass ich rot werde. Außerdem sorge ich für Leitungswasser am Rednerpult, damit mein Mund nicht austrocknet.

Reflektieren Sie Ihre Einstellungen.

Sie haben erfahrungsgemäß wenig Einfluss auf äußere Stressoren am Arbeitsplatz, deshalb sollten Sie umso mehr an Ihren Stressreaktionen ansetzen und Sport treiben, sich entspannen und genießen, sich gesund ernähren und einen sozialen Ausgleich zur Arbeit schaffen. Außerdem lohnt es sich, kontinuierlich Ihre Einstellungen zu reflektieren und wenig hilfreiche Muster zu unterbrechen. Lesen Sie dazu mehr.

Eigene Einstellungen ändern

Kennen Sie Ihre persönlichen Stressverstärker?

Um verschiedene Situationen gar nicht erst als stressig zu erleben, sollten Sie Ihre persönlichen Stressverstärker kennen. Reflektieren Sie dazu die Einstellungen, die Sie antreiben.

Jeder Mensch hat Antreibereinstellungen, mit denen er sich unter Druck setzt beziehungsweise die ihn unter Druck setzen. Und daraus entstehen Stress verstärkende Gedanken, beispielsweise: *Sei beliebt, Sei perfekt, Sei stark, Sei auf der Hut* oder *Ich kann nicht.*

Prüfen Sie sich selbst. Kennen Sie Ihre Gedanken? Denken Sie manchmal einen oder mehrere der folgenden Sätze: *Es ist absolut notwendig, bei praktisch jeder Person, die mir etwas bedeutet, jederzeit beliebt zu sein und anerkannt zu werden. Es ist absolut notwendig, bei praktisch jeder Aufgabe jederzeit perfekte Ergebnisse abzuliefern. Es ist absolut notwendig, jederzeit und jedem gegenüber Stärke zu zeigen und niemals Schwäche zuzugeben. Es ist absolut notwendig, jederzeit und jedem gegenüber wachsam zu sein. Das habe ich noch nie gekonnt, das schaffe ich auch diesmal nicht.*

Gerade in herausfordernden, anstrengenden Situationen wie beim Übergang vom Studium in den Beruf besteht die Gefahr, dass sich Stress verstärkende Gedanken wie ein Autopilot den Weg in Ihrem Gehirn suchen. Steuern Sie hier bewusst dagegen.

Schalten Sie den Autopiloten ab und steuern Sie bewusst, was Sie denken.

Achten Sie auf Ihre Gedanken, und sobald Sie bemerken, dass sich Stress verstärkende Gedanken einschleichen, sagen Sie ein leises Nein. Fragen Sie sich, was eigentlich für diesen Gedanken spricht und was dagegen, wie der Gegenpol zu diesem irrationalen Gedanken lauten könnte und wie ein rationaler, hilfreicher Gedanke. Und dann ersetzen Sie den Stress verstärkenden Gedanken durch Ihren hilfreichen Gedanken. Spielen Sie diese Übung einmal durch.

Wenn einer Ihrer Hauptantreibergedanken lautet *Sei perfekt,* dann haben Sie echt Stress, sobald mehrere Anforderungen gleichzeitig an Sie gestellt werden und Sie allen Aufgaben zu 100 Prozent gerecht werden wollen.

Also fragen Sie sich einmal, was eigentlich für den Wunsch spricht, perfekt zu sein. Es kann zum Beispiel sein, dass Ihr Vater scheinbar alles in seinem Leben 100-prozentig macht oder dass Sie das zumindest so wahrnehmen. Schauen Sie einmal hinter die Vaterfassade und überlegen Sie, was dagegen spricht. Sie haben vielleicht schon ein leichtes Gespür bekommen, dass niemand perfekt ist. Nichts auf der Welt und niemand auf der Welt ist perfekt.

Der Gegenpol zu dem irrationalen Wunsch, perfekt zu sein,

Praxistipp

Schließen Sie, sofern Sie dies nicht schon längst gemacht haben, in den nächsten Tagen eine Berufsunfähigkeitsversicherung ab. Warum? Nun, sicher nicht aus dem Grund, dass Sie gleich zu Beginn Ihres Berufslebens auf eine gesundheitsbedingte Frühverrentung aus sind. Der Risikoschutz, der übrigens kein Vermögen kostet, kann deshalb wichtig werden, weil die Beschleunigung in der Arbeitswelt und die Verdichtung der Arbeit im Unternehmen steigen. Der Druck nimmt zu. Arbeitszeiten werden überschritten. Die Trennung zwischen Arbeitszeit und Freizeit fällt durch technische Errungenschaften zunehmend weg. Sie sind für Ihren Arbeitgeber zu jeder Zeit und überall erreichbar, wenn Sie sich nicht abgrenzen. Egal wie gesund, fit und belastbar Sie auch heute sein mögen, Ihre Arbeitsfähigkeit können Sie nicht auf alle Zeiten vorhersehen. Im Falle einer längeren Erkrankung oder eines Unfalls mit anhaltenden Folgeschäden werden Sie froh sein, wenn Sie durch eine Berufsunfähigkeitsversicherung finanziell abgesichert sind.

könnte lauten, dass Sie alles, was Sie machen, egal was Sie machen, komplett falsch oder zumindest stark fehlerhaft machen. Wie wahrscheinlich ist das denn?

Und nun überlegen Sie, wie ein rationaler, hilfreicher Gedanke lauten könnte. Vielleicht, dass Menschen keine Maschinen sind und deshalb eben auch Fehler machen und dass Fehler Lernchancen sind? Was Sie soeben durchgespielt haben, nennt man Kognitionstraining. Damit können Sie das, was Sie denken, anschauen, hinterfragen und verändern, wenn Sie das wollen.

Sie können das, was Sie denken, anschauen, hinterfragen und ändern, wenn Sie das wollen.

Wenn Sie es trotzdem nicht schaffen, Ihr Stressempfinden zu reduzieren, sollten Sie zumindest einschätzen können, wann Gefahr im Verzug ist. In der Internationalen Klassifizierung psychischer Störungen, der ICD 10, wird *Burn-out* unter der Ziffer *Z73* als *Probleme mit Bezug auf Schwierigkeiten bei der Lebensbewältigung* geführt.

Anhand der folgenden Symptomtabelle, die an die Systematisierung von Wilmar Schaufeli und Dirk Enzmann (1992) angelehnt ist, können Sie prüfen, ob und wenn ja wie weit Sie im Prozess des Ausbrennens sind.

Symptomebene	Symptome eines *Burn-outs*
Psychisch	– Großer Widerstand, täglich zur Arbeit zu gehen – Gefühl des Versagens, Ärgers und Widerwillens – Schuldgefühle – Entmutigung und Gleichgültigkeit – Misstrauen und paranoide Vorstellungen – Frustration, Resignation – Widerstand gegen Veränderung – Konzentrationsstörungen – Nervöse Ticks wie zum Beispiel Augenzucken – Verspannung
Körperlich	– Ständige Müdigkeit und Erschöpfung – Große Müdigkeit nach dem Arbeiten – Schlafstörungen – Sexuelle Probleme – Häufig Erkältungen und Grippe – Häufig Kopfschmerzen – Magen-Darm-Beschwerden – Erhöhter Herzschlag – Erhöhter Cholesterinspiegel
Verhalten	– Exzessiver Drogengebrauch, Tabakgenuss, Alkoholkonsum, Kaffeekonsum – Erhöhte Aggressivität – Häufiges Fehlen am Arbeitsplatz – Längere Pausen – Verminderte Effizienz
Sozial	– Verlust von positiven Gefühlen für die Kollegen und den Chef – Aufschieben von Aufgaben – Widerstand gegen Anrufe von Kollegen, Kunden – Unfähigkeit, sich auf die Arbeit zu konzentrieren oder zuzuhören – Isolierung und Rückzug – Vermeidung von Arbeitsdiskussionen mit Kollegen – Partnerprobleme – Einsamkeit
Einstellungen	– Zynismus – Schwarzer Humor – Demonstration von Machtlosigkeit – Negative Arbeitseinstellung – Desillusionierung – Verlust von Idealismus

Wenn Sie über einen Zeitraum von mehreren Wochen mehrere Symptome auf unterschiedlichen Symptomebenen bei sich feststellen, besteht Handlungsbedarf. Sprechen Sie mit Ihrem Arzt oder wenden Sie sich an Ihre Krankenkasse, absolvieren Sie ein Stressbewältigungstraining bei Ihrem Arbeitgeber oder einen Entspannungskurs bei der Volkshochschule.

Das Gefährliche am *Burn-out* ist, dass sich diese Erkrankung schleichend entwickelt und Sie erst nach längerer Zeit, manchmal erst nach Jahren, an den Punkt kommen, wo nichts mehr geht und Ihr Akku komplett leer ist. Dann fehlt die Kraft zum Leben, und Körper und Geist versagen ihre Dienste.

Mit chronischem Stress und *Burn-out* ist nicht zu spaßen. Setzen Sie Ihren beruflichen Erfolg, Ihre Karriere und letztlich Ihr Leben nicht leichtfertig aufs Spiel. Zu oft heißt es rückblickend: *Er hat wenig für sich selbst getan,* wenn ein Kollege Monate lang fehlt, weil er in der psychosomatischen Klinik seine Erschöpfungsdepression auskuriert, auf der Intensivstation seinen Herzinfarkt behandeln lässt oder auf dem Friedhof zu Grabe getragen wird. Wie viel tun Sie für sich?

> Setzen Sie Ihre Karriere nicht aufs Spiel, indem Sie aus chronischem Stress einen *Burn-out* werden lassen.

Fehlernährungsfalle Berufseinstieg

Berufseinsteiger stellen beim Übergang vom Studium in den Beruf häufig fest, dass sie sich auch in ihrer Ernährung und in ihrem Bewegungsverhalten neu aufstellen müssen. Laut einer Untersuchung der Deutschen Sporthochschule in Köln nehmen falsche Ernährung, Bewegungsmangel und Übergewicht ab dem 18. Lebensjahr deutlich zu. Unter den 25-jährigen Männern ist jeder Zweite zu dick, unter den gleichaltrigen Frauen jede Vierte (*Fit-fürs-Leben-Studie* 2008).

> Jeder zweite 25-jährige Mann und jede vierte 25-jährige Frau ist zu dick.

Bei Jobneulingen schnappt häufig die Fettfalle zu. Grund dafür ist die Umstellung auf die neue Arbeitssituation. Während Sie als Student die Bewegung noch in Ihren Alltag integriert haben, zum Beispiel mit dem Fahrrad zur Hochschule gefahren sind, ist das als Vollzeiterwerbstätiger nicht mehr so einfach. Von früh bis spät sitzen Sie: im Auto, am Schreibtisch, in der Kneipe oder vor dem Fernsehgerät. So verbrennen Sie keine Kalorien.

> Achten Sie besonders beim Übergang vom Studium in den Beruf auf gesunde Ernährung und auf ausreichend Bewegung.

Auch die Ernährung kann leiden, wenn die Pause nicht für eine gesunde Mahlzeit ausreicht, sich Ihr Einkaufsverhalten an den Öffnungszeiten von Tankstellen ausrichtet und die Zeit zum Kochen fehlt. Fertiggerichte aus der Mikrowelle, fettiges Kantinenessen und die Pommes von der Imbissbude, damit geben Sie Ihrem Körper nicht wirklich, was er braucht.

Wenn Ihnen an Ihrer längerfristigen Leistungsfähigkeit und Lebensqualität gelegen ist, können Sie darauf achten, dass Sie in der Bilanz gesund und ausreichend essen und dass Sie sich moderat bewegen. Denn die Folgen chronischen Übergewichts, wie beispielsweise Herz-Kreislauf-Erkrankungen, orthopädische Schäden und Diabetes, können Sie in Ihrer beruflichen Laufbahn massiv einschränken.

Machen Sie zunächst eine Bestandsaufnahme und berechnen Sie Ihren Body-Mass-Index (BMI), das gängige Maß zur Beurteilung Ihres Körpergewichts. Sie berechnen Ihren BMI, indem Sie Ihr Körpergewicht in Kilogramm durch Ihre Körpergröße in Meter zum Quadrat teilen.

Berechnen Sie Ihren Body-Mass-Index.

BMI = Körpergewicht (kg) : Körpergröße (m²)

Welchen BMI haben Sie? Orientieren Sie sich bei der Bewertung Ihrer Körpermasse an den von der Weltgesundheitsorganisation (WHO) definierten Gewichtsklassen für Erwachsene.

Gewichtsklasse/Beurteilung	BMI (kg/m²)
Starkes Untergewicht	< 16
Mäßiges Untergewicht	16 – 17
Leichtes Untergewicht	17 – 18,5
Normalgewicht	**18,5 – 25**
Präadipositas	25 – 30
Adipositas Grad I	30 – 35
Adipositas Grad II	35 – 40
Adipositas Grad III	≥ 40

Liegen Sie im Normalbereich, haben Sie zu wenig oder zu viel auf den Rippen? Achten Sie darauf, dass sich Ihre Gewichtsklasse zumindest nicht verschlechtert. Sorgen Sie dafür, dass

In welcher Gewichtsklasse liegen Sie?

Sie nicht noch mehr abnehmen, wenn Sie zu Untergewicht neigen. Nehmen Sie nicht noch mehr zu, wenn Sie Übergewicht haben, oder bewahren Sie Ihr Normalgewicht.

Wie aber schaffen Sie es, gesund zu essen und sich ausreichend zu bewegen? Eigentlich ist es ja ganz logisch, dass die dem Körper in Form von Kalorien zugeführte Energie nicht dauerhaft größer oder kleiner sein sollte, als die verbrauchte Energie. Wo immer Sie ständig mehr dazutun, als Sie wegnehmen, wird es zwangsläufig unter dem Strich mehr. Bei Ihrem Bankkonto ist das wünschenswert, ebenso bei Ihrem Fachwissen, nicht aber bei Ihrem Körpergewicht. Die einfache Formel lautet: Wenn Sie viele Kalorien zuführen, müssen Sie viele Kalorien verbrennen und umgekehrt.

Die richtigen Gewohnheiten

Ihren Zugangsweg zu einem gesunden Lebensstil kennen nur Sie. Davon ausgehend, dass Sie überhaupt ein Interesse daran haben, gesund zu leben, um Ihre Leistungsfähigkeit und Ihre Lebensqualität zu erhalten, können Sie verschiedene Wege ausprobieren. Nehmen Sie zum Beispiel entsprechende Gewohnheiten auf.

Besonders an den Übergangsstellen im Leben lohnt es sich, auf die richtigen Gewohnheiten zu achten. Gewohnheiten sind ritualisiertes Verhalten. Was Sie stetig tun und die Art, wie Sie es tun, prägt sich in Ihre neuronalen Schaltkreise im Gehirn ein. Und je kontinuierlicher Sie etwas so tun, wie Sie es tun, desto leichter fällt es Ihnen, es überhaupt zu tun. Wenn Sie von frühester Kindheit an morgens und abends Ihre Zähne geputzt haben, dann werden Sie heute keinen Gedanken daran verschwenden, ob Ihnen das Zähneputzen Spaß macht oder eine Last ist. Sie tun es einfach.

Verhalten, das zur Gewohnheit geworden ist, läuft automatisiert ab. Wie ein Autopilot ein Flugzeug steuert, steuern Ihre Gewohnheiten Sie, ganz ohne Anstrengung: der schnelle Griff zum Schokoriegel für den kleinen Hunger, die Fahrt mit dem Auto zur Arbeit, der Griff zur Fernbedienung für den Fernseher.

Wenn Sie am Übergang vom Studium in den Beruf statt dieser Gewohnheiten andere entwickeln und installieren, werden Sie ohne große Mühe in Ihrer Gewichtsklasse bleiben. Denn dann nehmen Sie automatisch den Gemüseschä-

Gewohnheiten sind ritualisiertes Verhalten, das mehr oder weniger zieldienlich sein kann.

Gewohnheit ist ein Seil. Wir weben jeden Tag einen Faden, und schließlich können wir es nicht mehr zerreißen.
(Horace Mann)

126

PRIVAT AUSGLEICH SCHAFFEN

ler und die Karotte statt den Schokoriegel, benutzen selbstverständlich das Fahrrad statt das Auto und greifen zur Sporttasche statt zur Fernbedienung.

Wenn es so einfach wäre, gute Gewohnheiten aufzubauen und schlechte zu ersetzen, dann hätten Psychologen wenig Arbeit. Menschen kämpfen in der Regel bei allem, was sie sich vornehmen, gegen mehr oder weniger große Widerstände und Verlockungen von außen und von innen. Und egal wie groß die Motivation ist, die Sie antreibt, ein Ziel zu erreichen, ohne Willenskraft siegt allzu häufig der innere Schweinehund und Sie geben dem spontanen Impuls zur Lustbefriedigung und damit zur Anstrengungsvermeidung nach.

Im Crashkurs *Selbstmotivierung* haben Sie bereits einige Trainingseinheiten zur Stärkung Ihrer Willenskraft kennengelernt. Lesen Sie noch einmal nach und wenden Sie diese Techniken auch im Dienste Ihrer Gesundheit an.

Achte auf Deine Gedanken, denn sie werden Worte. Achte auf Deine Worte, denn sie werden Handlungen. Achte auf Deine Handlungen, denn sie werden Gewohnheiten. Achte auf Deine Gewohnheiten, denn sie werden Dein Charakter. Achte auf Deinen Charakter, denn er wird Dein Schicksal.

Privat Ausgleich schaffen

Beim Übergang vom Studium in den Beruf hat die Arbeit zwangsläufig einen hohen Stellenwert. Sie wollen durchstarten und Karriere machen oder zumindest einen guten Berufseinstieg erreichen. Und dazu müssen Sie einiges an Zeit und Energie einsetzen. Gerade deshalb ist es von Anfang an wichtig, dass Sie sich in Ihrer neuen Lebensphase wohlfühlen und Ihr Privatleben nicht aus den Augen verlieren.

Wenn Sie einmal systematisch schauen, was Ihr Leben ausmacht, werden Sie erkennen, dass Sie auf fünf Säulen mehr oder weniger stabil im Leben stehen. Der Psychologe Hilarion Petzold hat das Modell der *Fünf Säulen der Identität* entwickelt. Das Modell ist sehr gut dazu geeignet, den persönlichen Stellenwert von Arbeit und Privatleben zu reflektieren. Schauen Sie sich die fünf Säulen genauer an.

Kennen Sie die fünf Säulen Ihrer Identität?

Ihre Arbeit

Ihre Arbeit stellt eine wesentliche Grundlage für Ihre persönliche Identität dar. Denn durch eine sinnstiftende Tätigkeit nehmen Sie sich selbst als aktiv und kompetent wahr. Durch Kooperation, Kontakt und soziale Anerkennung am Arbeitsplatz und nicht zuletzt durch die Wertschätzung, unter anderem in Form Ihres Gehalts, entwickeln Sie einen Selbstwert.

Sie planen Ihren Tagesablauf, Ihren Jahresurlaub und Ihren ganzen Lebenslauf nach Ihrer Arbeit.

127

Außerdem gibt Ihre Arbeit Ihrem Leben eine zeitliche Struktur. Sie planen Ihren Tagesablauf, Ihren Jahresurlaub und Ihren gesamten Lebenslauf danach.

Durch die Wahl Ihres Berufs und Ihres ersten Arbeitgebers bestimmen Sie zudem Ihren Status und legen damit fest, wie Sie in der Öffentlichkeit angesehen werden. Das hat einen großen Einfluss auf Ihr Selbstbild. Wie wichtig ist Ihnen der Status, den Sie über Ihre Arbeit definieren?

Ihre Existenz

Geld haben heißt unabhängig sein.

Ihre Existenz sichern Sie sich in der Regel durch die Arbeit. Je nachdem, wie viel Sie verdienen, können Sie Primär- und Luxusbedürfnisse befriedigen. Egal wie Sie zu Geld stehen – Geld haben heißt unabhängig sein. Und glaubt man der Umfrage *Trendmonitor 2011,* die im Auftrag der Versicherung *Heidelberger Leben* von Matthias Horx' *Zukunftsinstitut* durchgeführt wurde, ist Unabhängigkeit für 89 Prozent der jungen Menschen zwischen 16 bis 35 Jahren besonders erstrebenswert. Wie wichtig ist Ihnen Geld?

Ihre Gesundheit

Die meisten Menschen denken erst an ihre Gesundheit, wenn ihnen etwas fehlt.

Ihre körperliche und psychische Gesundheit ist eine weitere wichtige Säule für Stabilität im Leben. Sie kennen den Spruch, dass Gesundheit nicht alles, aber ohne Gesundheit alles nichts ist. Welche Bedeutung die psychische und körperliche Unversehrtheit hat, merken Sie oft erst, wenn Ihnen irgendetwas weh tut. Lassen Sie es nicht so weit kommen. Wie Sie in den beiden letzten Kapiteln lesen konnten, ist es 1000-mal schwieriger, Krankheiten zu kurieren, als gar nicht erst krank zu werden. Wie wichtig ist Ihnen Ihre Gesundheit?

Ihr soziales Netz

Die Zugehörigkeit zu einer Bezugsgruppe stärkt Ihnen den Rücken.

Auch die Bedeutung Ihres sozialen Netzes ist nicht zu unterschätzen. Ihre Familie und Ihre Freunde stärken Ihnen den Rücken und sind für Sie da, wenn es Ihnen schlecht geht. Die Zugehörigkeit zu einer Bezugsgruppe ist nach wie vor ein Überlebensvorteil. Auch im Großstadtdschungel des 21. Jahrhunderts. Die Veränderung Ihrer Arbeitsform hat jedoch großen Einfluss auf die Zugehörigkeit zu einer Bezugsgruppe. Freunde aus dem Studium bleiben Ihnen vielleicht erhalten, aber Sie sind nicht länger ein Student unter vielen Studenten.

Hier gilt es Aufbauarbeit zu leisten und mit den Menschen in Ihrer neuen Umgebung schnell in Kontakt zu kommen. Wie wichtig ist Ihnen eine feste Bezugsgruppe?

Ihre Werte

Ihre Werte sind eine zwar abstrakte, aber fundamentale Säule. Das, was Ihnen im Leben wirklich wichtig ist, kann Ihnen in unübersichtlichen Situationen den Weg weisen wie ein Leuchtturm. Deshalb ist es wichtig, immer wieder zu reflektieren, woran Sie glauben und was für Sie Bedeutung hat.

Je nachdem, ob Sie ein gewinnorientiertes oder gemeinnütziges Unternehmen gewählt haben, werden Sie herausgefordert sein, Ihre Werte zu hinterfragen, und vielleicht werfen Sie das, woran Sie bislang glaubten, sogar über Bord. Gehen Sie mit Ihren Werten jedoch nicht leichtfertig um. Sie sollten zum Beispiel nicht gleich Ihre politische Gesinnung wechseln, um Ihrem Chef besser zu gefallen. Oder den Wert der Aufrichtigkeit und Zuverlässigkeit links liegen lassen, weil in Ihrem Umfeld alle zu lügen scheinen und unzuverlässig sind. Wie wichtig sind Ihnen Ihre Werte?

Der Übergang vom Studium in den Beruf gehört zu den großen Zäsuren im Leben. Und bei allen fünf Säulen vollziehen sich spannende Veränderungen.

Ich habe immer wieder Berufseinsteiger in der Beratung, die nach drei, vier oder mehr Monaten im neuen Job in einer neuen Stadt, weit weg von der Partnerin oder dem Partner so stark unter der Trennung leiden, dass sie an der einst euphorisch angetretenen Stelle zweifeln und einen Arbeitgeber am Heimatort und beim Partner suchen.

Andere leiden darunter, die geliebten Kommilitonen nicht mehr täglich sehen zu können. Und wieder andere vermissen ihre Familie, ihren Bruder, die Eltern oder die Großeltern. Einsamkeit kann sich breit machen, in einem kleinen Apartment, in einer großen Stadt. Anonym. Unterschätzen Sie die Macht der Einsamkeit nicht. Sie raubt Ihnen Lebensenergie. Deshalb sollten Sie alles daran setzen, in Ihrer neuen Stadt anzukommen und sich zu integrieren. Ansonsten besteht die Gefahr, dass Ihr Berufseinstieg der Anfang eines isolierten Lebens und das Ende Ihrer Karriere wird.

> Ihre Werte sind wie ein Leuchtturm, der Ihnen den Weg weist.

> Unterschätzen Sie die Macht der Einsamkeit nicht.

Alte Kontakte halten, neue aufbauen und pflegen

Achten Sie darauf, den Kontakt zu Ihrem sozialen Umfeld aufrechtzuerhalten. Telefonieren Sie regelmäßig, schreiben Sie E-Mails, treffen Sie sich am Wochenende mit Ihren alten Freunden und laden Sie Ihre Leute von zu Hause auch in die neue Stadt ein. Gleichzeitig sollten Sie Kontakte in der neuen Stadt aufbauen, sich vor Ort vernetzen. Verbinden Sie das mit Ihren privaten Interessen und Werten, also dem, was Ihnen wichtig ist. Nehmen Sie zum Beispiel an einem Kochkurs teil oder an einem Sprachkurs, treten Sie einem Sportverein bei, engagieren Sie sich ehrenamtlich in der Gemeinde, für die Umwelt, oder gehen Sie in Ausstellungen – es gibt für alle Interessen vielfältige Möglichkeiten.

Pflegen Sie Ihre alten Kontakte und bauen Sie neue auf.

Den Aufbau von Kontakten können Sie auch damit verbinden, sich außerhalb des Unternehmens beruflich strategisch aufzustellen. Werden Sie zum Beispiel Mitglied in Ihrem Berufsverband. Für fast jedes akademische Fachgebiet gibt es einen Verband mit Regionalgruppen. Prüfen Sie, ob es einen interessanten Verein gibt. Beispielsweise gibt es unzählige Vereine im Bereich der Solarenergie. Wenn Sie zum Beispiel als Ingenieur, Betriebswirt oder als Jurist in der Solarbranche arbeiten, stellen Sie sich mit einer Mitgliedschaft in einem entsprechenden Verein breiter auf.

Externe Kontakte stärken Ihre Position im Unternehmen.

Externe Kontakte stärken Ihre Position im Unternehmen. Außerdem sind sie mit dem ersten Arbeitgeber nicht verheiratet. Sobald Sie an einen Arbeitgeberwechsel denken, können Ihnen die externen Kontakte nützlich sein, da unter anderem dadurch ein Headhunter auf Sie aufmerksam werden kann. Externe wie interne Kontakte aufzubauen und nachhaltig zu pflegen, dauert seine Zeit. Deshalb sollten Sie vom ersten Tag an damit beginnen.

Beachten Sie beim Aufbau Ihres privaten Ausgleichs auch die Erkenntnisse der Erholungsforschung. Sie schaffen am besten einen Ausgleich, wenn Sie in Ihrer Freizeit, der Entspannungsphase, etwas anderes tun als in der Arbeitszeit, der Anspannungsphase. Wenn Sie in Ihrer Arbeit zum Beispiel als Investmentbanker sehr viele Reize aufnehmen müssen, können Sie in Ihrer Freizeit eher gleichförmige Tätigkeiten wie Gärtnern oder Joggen mit wenig Input suchen. Wenn in Ihrem Job, beispielsweise in der Kreativbranche als Designerin, alles schnell und hektisch zugeht, schaffen Sie einen optimalen Ausgleich, indem Sie in Ihrer Freizeit einen Gang runterschalten und vielleicht wandern, lesen, kochen oder handwerken. Haben Sie bei Ihrer Arbeit als Ärztin oder als Psychologe mit vielen Menschen zu tun, kann es angenehm sein, in der Freizeit auch mal allein den Müßiggang zu pflegen, indem Sie meditieren oder *wellnessen*.

Manche Menschen pflegen ihr Auto mehr als sich selbst. Regelmäßige Inspektionen, das teuerste Öl für den Motor, 1a-Bereifung und jeden Samstag eine Autowäsche. Was tun Sie für sich? Wie pflegen Sie sich? Achten Sie darauf, dass Sie sich auch um sich selbst kümmern.

> Manche Menschen pflegen ihr Auto mehr als sich selbst.

Aufgabe 12: Fertigen Sie eine Liste mit Ihren Interessen an und schreiben Sie ganz konkrete Freizeitbeschäftigungen auf, die Ihnen Spaß machen, die Ihnen wichtig sind, die Ihnen Energie geben und bei denen Sie entspannen können.

Es ist schon eine echte Herausforderung, am Anfang Ihrer Berufslaufbahn alles, was für Sie beruflich nötig und persönlich wichtig ist, in 168 Wochenstunden unterzubringen. Ihre bisherigen Zeitnutzungsmuster werden da nicht ausreichen. Und bevor Sie sich selbst sagen hören: *Eigentlich bin ich ganz anders – ich komme nur viel zu selten dazu* (Ödön von Horváth), sollten Sie im fünften Crashkurs Ihre Selbstmanagementfähigkeit testen und trainieren. Lernen Sie effektiv(er) und effizient(er) mit Ihrer Zeit umzugehen.

> *Eigentlich bin ich ganz anders – ich komme nur viel zu selten dazu.* (Ödön von Horváth)

CRASHKURS: SELBSTMANAGEMENT

Wie oft sagen Sie zu sich oder zu anderen, dass Sie keine Zeit haben? Zeitmangel ist das Hauptargument oder die Hauptausrede, wenn es darum geht, etwas nicht machen zu können. Und Zeitmanagementkurse haben Hochkonjunktur. Interessant dabei ist, dass Sie Zeit gar nicht haben oder nicht haben können. Zeit können Sie auch nicht managen. Der Tag hat für alle Menschen auf der Welt 24 Stunden à 60 Minuten à 60 Sekunden. Sie können diese Zeit nicht vermehren oder ausdehnen. Sie können mit der vorhandenen Zeit lediglich besser oder weniger gut umgehen.

> *Es ist nicht wenig Zeit, die wir haben, sondern es ist viel Zeit, die wir nicht nützen.* (Seneca)

Menschen mit ausgeprägter Selbstmanagementfähigkeit schaffen in Ihrer Zeit mehr als andere und sind beruflich erfolgreicher. Sie erreichen Ziele scheinbar mühelos, treiben Sport, lesen Bücher und treffen Freunde, und dabei oder dadurch sind Sie auch noch ausgeglichen.

Menschen, denen es schwerfällt, sich selbst zu managen, verzetteln sich häufig. Ihnen zerrinnt die Zeit zwischen den Fingern. Sie kommen von der Arbeit nach Hause und haben das unbefriedigende Gefühl, nichts von dem erledigt zu haben, was sie sich für den Tag vorgenommen hatten. Selten bleibt Ihnen die Zeit, Freunde zu treffen, ein Buch zu lesen oder Sport zu treiben. Wie gut haben Sie Ihre Zeit im Griff? Wie gut können Sie sich selbst managen? Testen und trainieren Sie Ihre Selbstmanagementfähigkeit.

Ihre Effizienzgarantie

Mit den folgenden zehn Fragen können Sie Ihre Selbstmanagementfähigkeit einschätzen. Bei der Beantwortung gibt es wie immer keine richtigen oder falschen Antworten. Kreuzen Sie spontan das an, was Ihrer Einstellung und Empfindung entspricht. Nutzen Sie Ihr Ergebnis als Anregung.

Zehn Fragen zum Selbstmanagement		Trifft zu	Trifft nicht zu
1	Es fällt mir leicht, mich auf eine Aufgabe zu konzentrieren.		
2	Ich erledige eigentlich immer das, was ich mir vorgenommen habe.		
3	Es lohnt sich, im Voraus zu überlegen, wann und wie man seine Aufgaben erledigen kann.		
4	Ich habe nie das Gefühl, dass mir die Zeit davon rennt.		
5	Dinge, die anstehen, erledige ich lieber sofort, als sie auf morgen zu verschieben.		
6	Ich kann gut Prioritäten setzen.		
7	Meinen Schreibtisch räume ich regelmäßig auf.		
8	Ich verstehe nicht, warum andere häufig in Zeitnot geraten.		
9	Wichtiges von Unwichtigem zu trennen gelingt mir gut.		
10	Ich habe noch selten einen Termin vergessen oder verpasst.		

Auswertung Selbstmanagement	
Weniger als fünf Mal *Trifft zu*	Sie haben eine eher schwach ausgeprägte Selbstmanagementfähigkeit und am Ende des Tages häufig das unbefriedigende Gefühl, nichts von dem erledigt zu haben, was Sie sich vorgenommen haben. Der effiziente Umgang mit Ihrer Zeit fällt Ihnen schwer.
Mehr als fünf Mal *Trifft zu*	Sie haben eine eher stark ausgeprägte Selbstmanagementfähigkeit. Es fällt Ihnen leicht, sich selbst zu organisieren, Ihre Zeit effizient zu nutzen und die Dinge, die Sie sich vorgenommen haben, geregelt zu bekommen.

Wie gut ist Ihre Selbstmanagementfähigkeit ausgeprägt? Bekommen Sie die Dinge im Allgemeinen gut geregelt? Dann machen Sie weiter wie bislang und bleiben Sie aufmerksam und offen dafür, Ihre Fähigkeiten kontinuierlich zu entwickeln. Denn die Anforderungen an Ihr Selbstmanagement werden mit dem Berufseinstieg und auf Ihrem beruflichen Weg wachsen. Fällt es Ihnen generell eher schwer, sich selbst organisiert zu bekommen, müssen Sie spätestens jetzt etwas unternehmen, um effektiver und effizienter zu arbeiten. Dafür können Sie einiges tun.

Trainingsprogramm Selbstmanagement

Erfolgreiches Selbstmanagement fängt damit an, dass Sie Ihren Umgang mit der Zeit und mit sich selbst reflektieren. Schauen Sie sich einmal bewusst an, wie Sie mit Ihrer Zeit umgehen.

Die Psychologie bietet einige nützliche Konzepte aus der Wahrnehmungsforschung, der Stressforschung sowie der Emotionsforschung an, um Ihre Selbstmanagementfähigkeit zu reflektieren. Konzentrieren Sie sich auf die folgenden drei Punkte: Effektivität versus Effizienz, wichtige Dinge versus dringende Dinge und den Einsatz von Arbeits- und Selbststeuerungstechniken.

Lernen Sie sich und Ihre Arbeitsweise besser kennen.

Der Unterschied zwischen Effektivität und Effizienz

Gehen Sie in die richtige Richtung? Sie können mit einem sehr hohen Wirkungsgrad die falschen Ziele verfolgen. Dann sind Sie sehr effizient ineffektiv. Stellen Sie sich vor, Sie fah-

Efficiency is doing things right; effectiveness is doing the right things.
(Peter F. Drucker)

ren von Frankfurt aus auf der Autobahn mit einer Geschwindigkeit von fast 200 Kilometern in der Stunde. Die Straße ist wenig befahren, Sie kommen gut voran. Nach zwei Stunden und fast 400 Kilometern erreichen Sie Hannover und stellen fest, dass Sie die falsche Autobahn genommen haben. Sie wollten eigentlich nach München. Effektiv ist, wenn Sie die richtige Straße nehmen. Effizient ist, wenn Sie zügig vorankommen.

Der Unterschied zwischen Wichtigem und Dringendem

Unterscheiden Sie bereits zwischen wichtigen und dringenden Aufgaben? Sie können viele Stunden am Tag dringende Dinge abarbeiten, ohne etwas wirklich Wichtiges geschafft zu haben, zum Beispiel Anrufe und E-Mails beantworten. Wenn Sie das tun, stecken Sie in der Dringlichkeitsfalle.

Stellen Sie sich vor, Sie sitzen am Schreibtisch vor Ihrem Rechner und wollen eine wichtige Aufgabe bearbeiten. Vielleicht wollen Sie einen Text schreiben oder eine Kalkulation durchführen. Da Sie Ihre E-Mail-Benachrichtigung nicht leise und das Telefon nicht umgestellt haben, klingelt und piept es alle paar Minuten. Wie konzentriert können Sie so an Ihrer wichtigen Aufgabe arbeiten?

Ihr Orientierungsreflex, den Sie bereits aus dem zweiten Kapitel unter dem Stichwort *Überlebensprogramm* kennengelernt haben, macht Ihnen einen Strich durch die Rechnung. Denn Sie werden Ihre Aufmerksamkeit automatisch dahin lenken, wo sich etwas bewegt. Es könnte ja überlebenswichtig sein. Mit einer sehr disziplinierten Selbststeuerung können Sie den inneren und äußeren Störungen entgegenwirken. Mehr dazu lesen Sie auf den nächsten Seiten.

Aber Sie machen sich das Leben leichter, wenn Sie von vornherein sehr bewusst unterscheiden, welche Aufgaben für Sie und Ihre berufliche Karriere wichtig sind und welche Aufgaben lediglich dringlich sind oder vielleicht sogar nur scheinen.

Dringlichkeiten zu priorisieren verführt Sie zum Reagieren. Wichtiges zu priorisieren ermöglicht Ihnen zu agieren. Machen Sie Termine für Ihre Prioritäten, Ihre Ziele und gehen Sie nicht in die Falle, sich Prioritäten für Termine zu setzen. Haben Sie darüber schon einmal nachgedacht? Es lohnt sich!

Vorsicht vor der Dringlichkeitsfalle!

Der Einsatz von Arbeits- und Selbststeuerungstechniken

Planen Sie Ihre Arbeit? Jeder hat seine eigene, unbewusste und mehr oder weniger effiziente Arbeitsweise. Unsere schnelle und komplexe Arbeitswelt erfordert jedoch zunehmend einen bewussten Einsatz von Arbeits- und Selbststeuerungstechniken, damit die Quantität der Aufgaben zu bewältigen ist. Dies spiegelt sich auch in der großen Zahl an Büchern und Internetseiten zu diesem Thema wider. Bevor Sie jedoch die nächsten Monate mit dem Studium von Zeitmanagementliteratur verbringen, möchte ich Ihnen die drei wichtigsten Arbeits- und Selbststeuerungstechniken nennen und erklären.

Setzen Sie sich konkrete Ziele. Wie Sie bereits aus dem Crashkurs *Selbstmotivierung* wissen, sollten Ihre Ziele zu Ihnen passen. Darüber hinaus ist wichtig, dass die Zielerreichung messbar ist, dass Sie festlegen, wie und bis wann Sie Ihr Ziel erreicht haben wollen, und nicht zuletzt, dass Ihr Ziel auch realistisch ist.

Setzen Sie sich konkrete Ziele!

Zielformulierung	
Bis wann will ich mein Ziel erreichen?	Datum
Was werde ich dazu unternehmen?	Aufgaben
Woran werde ich erkennen, dass ich mein Ziel erreicht habe?	Messkriterien
Ist es überhaupt möglich, mein Ziel in der geplanten Zeit zu erreichen?	Einschätzung

Wenn Sie zum Beispiel als Ziel formulieren, dass Sie Englisch lernen wollen, können Sie das wie folgt konkretisieren: Innerhalb der nächsten drei Monate möchte ich drei Mal in der Woche eine Stunde Englisch sprechen. Ich werde meine Zielerreichung daran messen, ob ich besser englisch sprechen kann, wenn ich mit einem Engländer ein Fachgespräch über meine Arbeit führen kann. Aktuell bin ich aus der Übung, ich habe jedoch eine gute Basis in Englisch, sodass mir drei Monate Zeit für die Zielerreichung realistisch erscheinen.

Arbeiten Sie mit Was-Wann-Wie-Plänen. Auch diese Arbeitstechnik kennen Sie bereits aus dem Crashkurs *Selbstmotivierung*. Organisieren Sie die Aufgaben, die Sie für Ihre Zielerreichung erledigen müssen, mithilfe eines einfachen

Arbeiten Sie mit Was-Wann-Wie-Plänen.

Was-Wann-Wie-Plans. Was wollen Sie wann und wie machen? Dieser einfache Dreischritt ist gut dafür geeignet, die Aufgaben eines Arbeitstags konkret zu planen.

Wenn Sie beispielsweise an einem normalen Arbeitstag als Jurist in der Rechtsabteilung einer öffentlichen Einrichtung E-Mails zu lesen haben, vier Mandantentermine wahrnehmen müssen, drei Stellungnahmen diktieren wollen und sich in mehrere Akten einzulesen haben, kann Ihr Was-Wann-Wie-Plan wie folgt aussehen:

	Was	Wann	Wie
1	E-Mails lesen	8.00 –8.30 Uhr	– ungestört am Stück und gleich abarbeiten
2	Vier Mandantentermine	8.30 –12.30 Uhr	– Termine jeweils 10 Min. vorbereiten – Termine jeweils 30 Min. durchführen – Termine jeweils 20 Min. nachbereiten
3	E-Mails lesen	12.30 –13.00 Uhr	– ungestört und am Stück und gleich abarbeiten
4	Pause	13.00 –14.30 Uhr	– Essen und Spaziergang
5	Drei Stellungnahmen	14.30 –16.30 Uhr	– ungestört
6	Akteneinsicht	16.30 –18.00 Uhr	– ungestört

Lernen Sie Nein zu sagen.

Steuern Sie sich selbst? Nachdem Sie Ihre Ziele konkret formuliert und Ihre Arbeits- und Zeitplanung vorgenommen haben, geht es an die alltägliche Umsetzung. Wenn Sie dabei ständige Zeitnot haben, müssen Sie genauer prüfen, was Ihre persönlichen Zeiträuber sind. Zwei verbreitete Zeitfallen sind die fehlende Fähigkeit, sich gegen innere und äußere Störungen abzugrenzen, das heißt Nein zu sagen, und mit Belastungen und Stress konstruktiv umzugehen. Hier setzt die Selbststeuerung an. Über den Umgang mit Belastungen und die Fähigkeit des Stressmanagements haben Sie bereits im letzten Kapitel einiges gelesen.

Wie gut können Sie Nein sagen? Nein sagen ist wichtig, da unsere Aufmerksamkeit begrenzt ist. Wenn wir mit einer Aufgabe beschäftigt sind und dabei gestört werden, brauchen wir für diese Aufgabe viel länger, weil wir uns erst wieder hineindenken müssen. Dieser *Sägezahneffekt* entsteht, weil unser Gehirn nicht gleichzeitig zwei Handlungsstränge verfolgen kann. Unsere Aufmerksamkeit springt hin und her, denn unser Arbeitsgedächtnis kann nur die Information für die gerade aktuelle Aufgabe bereitstellen. Jedes Mal, wenn Sie sich auch kurz, einer anderen Tätigkeit zuwenden, kostet dies Zeit. Hier heißt es Nein sagen zu lernen.

Wenn der Jurist seine geplante ungestörte Zeiteinheit von 14.30 bis 16.30 Uhr nach außen nicht verteidigt, sein Telefon nicht umstellt, seine E-Mail-Benachrichtigung nicht deaktiviert und seine Tür nicht schließt, wird er die drei Stellungnahmen nicht diktieren können.

Gegen äußere Störungen können Sie sich Rahmenbedingungen schaffen: Schließen Sie die Tür und hängen Sie ein Schild *Bitte bis 16.30 Uhr nicht stören* auf. Schalten Sie die akustische E-Mail-Benachrichtigung aus und Ihr Telefon um. Räumen Sie Ihren Schreibtisch leer und alles aus Ihrem Blickfeld, was Sie ablenken könnte.

Gegen innere Störungen wie zum Beispiel mangelnde Konzentration, Ablenkbarkeit, Unlust oder Müdigkeit helfen handwerklich einfache Techniken. Schlafen Sie ausreichend oder trinken Sie Kaffee. Machen Sie sich bewusst, aus welchem Grund und mit welchem Ziel Sie etwas tun. Und überwinden Sie die „Schweinehundminuten": Bleiben Sie mindestens 15 Minuten an der Bearbeitung einer Aufgabe dran. 15 Minuten benötigen Sie in der Regel, um sich so zu konzentrieren, wie es für die Bearbeitung der meisten anspruchsvollen Aufgaben notwendig ist.

Nutzen Sie die folgenden Trainingseinheiten im Alltag, um Ihre Fähigkeit, sich selbst zu managen, zu trainieren. Notieren Sie Ihre Selbstmanagementerfolge in Ihrem Trainingsbuch. Fertigen Sie sich eine Liste der für Sie nützlichen Selbstmanagementtechniken an.

Achten Sie auf die „Schweinehundminuten".

Trainingsprogramm Selbstmanagement

Trainingseinheit 1	<u>Gehen Sie in die richtige Richtung:</u> Beachten Sie bei allem, was Sie tun, den Unterschied zwischen Effektivität und Effizienz. Das fängt im Kleinen an und geht bis zum ganz Großen. Stellen Sie für jede Aufgabe sicher, dass Sie den richtigen, das heißt effektiven Ansatz wählen und arbeiten Sie dann richtig, das heißt effizient. Achten Sie bei großen Entscheidungen darauf, dass Sie die richtige Richtung einschlagen (effektiv) und gehen Sie dann richtig (effizient).
Trainingseinheit 2	<u>Unterscheiden Sie zwischen Wichtigem und Dringendem:</u> Beachten Sie bei allem, was Sie tun, den Unterschied zwischen wichtig und dringend. Prüfen Sie bei dringenden Aufgaben, ob diese wirklich dringend, weil wichtig sind, zum Beispiel der Rückruf unzufriedener Kunden oder die Einhaltung von Finanzamtsfristen. Werden Aufgaben lediglich dringend gemacht, ohne wichtig zu sein, sollten Sie Ihre Zeit nicht damit blockieren. Konzentrieren Sie sich stattdessen auf die wirklich wichtigen Dinge, auf die Aufgaben, die Sie Ihrem Ziel näher bringen, und schaffen Sie sich Zeitraum und Freiraum dafür.
Trainingseinheit 3	<u>Planen Sie Ihre Arbeit:</u> Abends, bevor Sie einschlafen, können Sie sich fünf Minuten Zeit nehmen, um den vergangenen Tag Revue passieren zu lassen und den kommenden Tag zu planen. Was war heute wichtig, was ist gut gelaufen, was weniger gut und was haben Sie heute gelernt? Was kommt morgen auf Sie zu, welche kritischen Aufgaben stehen an, worauf freuen Sie sich, und was sollten Sie auf jeden Fall beachten? Mit dieser kleinen Übung kriegen Sie die Dinge effizienter geregelt.
Trainingseinheit 4	<u>Nein sagen lernen:</u> Ein Mensch kann sich frühestens nach 15 Minuten so konzentrieren, wie es die Bearbeitung der meisten anspruchsvollen Aufgaben verlangt. Planen Sie diese „Schweinehundminuten" ein und schützen Sie sich vor äußeren Störungen und inneren Ablenkungen. Schließen Sie die Tür, schalten Sie die telefonische Rufumleitung ein und die akustische E-Mail-Benachrichtigung aus, räumen Sie Ihren Schreibtisch leer, damit Sie keiner Ablenkung erliegen und bleiben Sie ungestört mindestens eine Viertelstunde an einer Aufgabe dran, um richtig in die Bearbeitung zu kommen.
Trainingseinheit 5	<u>Gesunder Umgang mit Stress:</u> Reflektieren Sie Ihre Antreibergedanken und ersetzen Sie diese durch hilfreiche Gedanken. Ersetzen Sie zum Beispiel *sei perfekt* durch *Ich bin gut ausgebildet, ich kann etwas, ich habe mich gut vorbereitet und ich gebe alles*. Und bauen Sie Ihre Stresshormone durch Bewegung ab. Denken Sie an die Zebras, die durch die Prärie rennen und deshalb keinen chronischen Stress haben.

BILANZ ZIEHEN NACH DER PROBEZEIT

Nach sechs Monaten im Unternehmen endet in der Regel Ihre Probezeit. Spätestens jetzt steht für das Unternehmen und für Sie die Entscheidung an, ob das Arbeitsverhältnis weitergeführt werden soll. Lesen Sie im neunten Kapitel, anhand welcher Kriterien Sie entscheiden können, ob Sie bleiben oder gehen sollten, und was Sie machen können, wenn Sie beim ersten Arbeitgeber scheitern. Außerdem erfahren Sie, wie Sie entlang Ihres inneren roten Fadens Ihre berufliche Karriere strategisch planen können.

Klären Sie auf den folgenden Seiten die vier Fragen:
1. Was habe ich gut gemacht, was nicht?
2. Was mache ich, wenn ich gehen will oder gehen muss?
3. Wie finde ich den roten Faden in meinem Leben?
4. Woran kann ich mich bei meiner Karriereplanung orientieren?

Bleiben oder gehen

Wie läuft Ihr Berufseinstieg? Fühlen Sie sich wohl? Bringen Sie die geforderte Leistung? Hält das Unternehmen, was es versprochen hat? Oder fühlen Sie sich überfordert, unterfordert oder frustriert? Spielen Sie vielleicht mit dem Gedanken, das Unternehmen noch in der Probezeit zu verlassen?

Bleiben oder gehen? Diese Frage stellt sich zum Beispiel Andrea, 26 Jahre, Diplom-Wirtschaftsingenieurin und als *Junior Consultant* in einer Unternehmensberatung beruflich eingestiegen. Ihr erster Job nach dem Studium. Seit vier Monaten arbeitet Andrea im Unternehmen. Beim Vorstellungsgespräch wurde ihr zugesichert, in die Projektarbeit eingebunden zu werden. Doch seit Jobbeginn bekommt sie lediglich projekt- und themenfremde Aufgaben, die sie weder interessieren noch fordern. Andrea ist drauf und dran, noch innerhalb der Probezeit zu kündigen.

Und auch Paul, 24 Jahre alt und frischgebackener Maschinenbauingenieur, leidet seit Wochen im ersten Job. Das Betriebsklima ist angespannt und unfreundlich. So hatte sich das im Vorstellungstermin nicht abgezeichnet. Er fragt sich, ob er durchhalten oder noch innerhalb der Probezeit den Arbeitgeber wechseln soll.

Andrea, 26 Jahre: Versprechungen wurden nicht eingehalten.

Paul, 24 Jahre: Das Betriebsklima ist nicht auszuhalten.

Anna, 25 Jahre:
Gesundheitliche
Probleme durch
Überstunden.

Bleiben oder gehen: Sie
müssen sich entschei-
den!

Bei Anna, einer 25-jährigen Diplom-Betriebswirtin, ist die Situation eine andere. Durch Unsicherheit und Überstunden ist sie nach fünf Monaten gesundheitlich angeschlagen und an dem Punkt, von sich aus in der Probezeit zu kündigen, um einer firmenseitigen Kündigung zuvorzukommen.

Die Entscheidung zu bleiben oder zu gehen sollten Sie nicht einfach aus dem Bauch heraus treffen. Für beide Seiten ist es sinnvoll, den Erfolg der Einarbeitung zu messen und die Entscheidung mit kontrollierbaren Fakten vorzubereiten und abzusichern.

Unternehmen mit innovativer Personalpolitik haben für die Bewertung der Einarbeitung ihrer Berufseinsteiger bereits ein Kennzahlensystem entwickelt. In solchen Kennzahlen spiegeln sich zum einen kontrollierbare, positionsabhängige Kriterien wie zum Beispiel die Zahl und Qualität der Kundenkontakte und der erzielte Umsatz bei einem Berufseinstieg als Betriebswirt im Vertrieb. Oder die Zahl erfolgreich in Betrieb genommener Produktionsanlagen bei einem Start als Ingenieur im Bereich der Servicetechnik. Für eine Juristin im öffentlichen Dienst kann die Zahl gelöster Mandantenfälle als Kennzahl dienen.

Daneben werden in den Kennzahlen auch Kriterien abgebildet, die Ihre unternehmenskulturelle Passung aufzeigen. Hier wird Ihre Persönlichkeit bewertet. Dabei werden Sie mit Adjektiven beschrieben. Beispielsweise wird beurteilt, ob sie eher unorganisiert oder gewissenhaft arbeiten, ob Sie sich eher introvertiert oder extravertiert verhalten oder ob Ihr Auftreten eher freundlich oder unfreundlich wirkt.

Wie aber können Sie vorgehen, um Ihre Entscheidung, zu bleiben oder zu gehen, bewusst zu treffen?

Mit großem Idealismus und Euphorie gestartet, holt so manchen die Realität ein, und einige kommen damit nicht gut zurecht. Prüfen Sie in so einer Situation zuerst, ob Sie durch einen Kulturschock übersteigerte Abwehrreaktionen haben. Im siebten Kapitel finden Sie dazu eine Checkliste. Wenn dem nicht so ist, können Sie sich analog zum Vorgehen des Unternehmens eine Liste mit wichtigen Entscheidungskriterien erstellen. So eine Liste kann zum Beispiel wie folgt aussehen.

Ergänzen Sie die kontrollierbaren positionsabhängigen und unternehmensbezogenen Faktoren entsprechend Ihrer individuellen Situation bei Ihrem Arbeitgeber und auf Ihrer

Bleiben oder gehen nach der Probezeit	
Entscheidungskriterien	**Selbsteinschätzung**
Allgemeiner Anforderungsgrad	unterfordert – gefordert – überfordert
Allgemeine Grundstimmung	Zuversicht – Unruhe – Sorge – Angst – Panik
Allgemeines Wohlbefinden	fühle mich wohl – geht so – fühle mich unwohl
Einschätzung der Passung auf die Position	0 % – 20 % – 40 % – 60 % – 80 % – 100 % Passung
Kontrollierbare positionsabhängige Faktoren sind zum Beispiel	Anzahl aufgebauter Kundenkontakte: 30 Zielsetzung 30 = Passung Anzahl gelöster Produktionsprobleme: 10 Zielsetzung 20 = keine Passung
Einschätzung der Passung ins Unternehmen	0 % – 20 % – 40 % – 60 % – 80 % – 100 % Passung
Kontrollierbare unternehmensbezogene Faktoren sind zum Beispiel	Persönlichkeitseigenschaft gewissenhaft Unternehmenskultur Bank = Passung Persönlichkeitseigenschaft introvertiert Unternehmenskultur Vertrieb = keine Passung

Position. Allein die Tatsache, dass Sie sich mithilfe Ihrer Entscheidungsliste Gedanken über die zurückliegenden Arbeitswochen machen, trägt zu einer stabileren Entscheidungsbasis bei.

Die Probezeit ist dazu da, ein gegenseitiges Kennenlernen zu ermöglichen. Mit einer Kündigungsfrist von in der Regel 14 Tagen ohne Angabe von Gründen ist eine Auflösung des Arbeitsvertrags für beide Seiten einfach möglich. Wenn Sie mit dem Gedanken spielen, von Bord zu gehen, sollten Sie den richtigen Zeitpunkt wählen. Halten Sie auf jeden Fall einige Monate durch, schauen Sie sich alles in Ruhe an, auch wenn Ihre Erwartungen nicht erfüllt werden. Wenn Sie gegen Ende der Probezeit merken, dass zum Beispiel Versprechungen aus dem Vorstellungsgespräch trotz mehrfacher Nachfragen nicht gehalten werden, oder dass Sie doch nicht so gut auf eine bestimmte Position passen, wie gedacht, sollten Sie nicht zögern und kündigen.

Probezeit: 14 Tage Kündigungsfrist ohne Angabe von Gründen

Verpassen Sie den richtigen Zeitpunkt nicht, wenn Sie in der Probezeit das Unternehmen verlassen wollen.

Vier oder fünf Monate im ersten Unternehmen, alles versucht, in die Position und die Unternehmenskultur hineinzuwachsen, aber festgestellt, dass Sie sich mit dem Spielfeld geirrt haben, das ist keine Schande. Damit können Sie in einem Vorstellungsgespräch argumentieren. Wenn Sie allerdings schon nach wenigen Wochen das Handtuch schmeißen, entsteht der Eindruck, dass Ihnen Durchhaltevermögen fehlt. Und wenn Sie zwei Jahre im falschen Unternehmen auf der falschen Position verweilen, versteht das keiner mehr.

Zeichnet sich ab, dass Sie das Unternehmen auf eigenen Wunsch verlassen wollen, sollten Sie das nicht fluchtartig tun. Denn aus einem Anstellungsverhältnis heraus finden Sie leichter eine neue Arbeit als aus der Arbeitslosigkeit. Sondieren Sie deshalb bereits parallel zur Restlaufzeit der Probezeit den Arbeitsmarkt und bewerben Sie sich bei potenziellen Arbeitgebern am Markt. Vergessen Sie auch nicht, sich zumindest eine Arbeitsbestätigung für die Zeit im Unternehmen geben zu lassen. Trennt sich das Unternehmen von Ihnen, ist erfahrungsgemäß erst einmal Krisenmanagement angesagt.

Krisenmanagement

Krise ist ein produktiver Zustand, man muss ihm nur den Beigeschmack der Katastrophe nehmen.
(Max Frisch)

Obwohl Sie als *Young Professional* mit akademischem Abschluss keine allzu großen Sorgen haben müssen, einen neuen Arbeitgeber zu finden, nachdem Sie in der Probezeit gekündigt wurden, ist es für die meisten Berufseinsteiger dennoch ein persönliches Scheitern. Da helfen auch die schlauen Sprüche nicht, wonach in jedem Ende ein neuer Anfang steckt, dass *Krise ein produktiver Zustand ist, wenn man ihm den Beigeschmack der Katastrophe nimmt* (Max Frisch), oder dass es immer weitergeht.

Eine Kündigung zieht für die meisten Menschen zunächst Selbstwertzweifel nach sich. Auch bei sehr selbstbewusst auftretenden Menschen, die nach einer Kündigung erst mal in den Widerstand gehen, der anderen Seite die alleinige Schuld geben und lautstark betonen, dass das Unternehmen gar nicht weiß, was es sich durch die Lappen gehen lässt. Es bröckelt hinter der Fassade. Denn eine Kündigung heißt Ausschluss. Man will Sie nicht dabei haben. Das tut weh.

Egal zu welcher Gruppe Sie sich zählen, zu den eher Leisen, die an der Kündigung echt zu knabbern haben, oder zu den eher Lauten, die das nicht zugeben, mein Tipp nach unternehmensseitiger Kündigung lautet immer:

Suchen Sie das Gespräch mit Ihrem Chef und eventuell sogar mit Ihren Kollegen, um herauszufinden, was nicht gepasst hat. Nur so können Sie sich weiterentwickeln und bei der nächsten Arbeitgeberwahl etwas besser machen. Ziehen Sie sich nicht lautlos zurück, gehen Sie aufrecht aus dem Unternehmen. Machen Sie sich nicht zu große Vorwürfe. Damit blockieren Sie sich nur. Arbeiten Sie die Situation stattdessen professionell auf. Fordern Sie eine ehrliche Rückmeldung zu Ihrer *Performance* ein. Folgende Punkte sollten Sie dabei klären.

Bewertung Ihrer Arbeitsleistung	
Bewertungskriterien	**Fremdeinschätzung (Soll-Ist-Vergleich)**
Arbeitsergebnisse	1. Arbeitsqualität 2. Arbeitsmenge
Verhalten	3. Arbeitsschnelligkeit 4. Arbeitsweise (z. B. Sauberkeit) 5. Umgang mit Kunden, Kollegen, Chefs
Kenntnisse/Fähigkeiten	6. Umfang und Tiefe des Fachwissens 7. Umfang und Tiefe der Fähigkeiten
Eigenschaften/Einstellungen	8. Verantwortungsbewusstsein 9. Zuverlässigkeit 10. Leistungsmotivation 11. Dienstleistungsmentalität 12. Weitere relevante Kriterien

Ergänzen Sie die Bewertungskriterien um das, was in Ihrer Berufsgruppe, Ihrer Branche und in Ihrem Unternehmen als relevant angesehen wird.

Bei den Kriterien mit der größten Diskrepanz zwischen Ihrer Ist-Leistung und den Soll-Werten des Unternehmens müssen Sie aufmerksam werden. Aus Kenntnissen und Fähigkeiten, Eigenschaften und Einstellungen werden Verhalten und Arbeitsergebnisse. Das heißt, wenn Sie bei den erzielten Ergebnissen und in Ihrem Verhalten hinter den Erwartungen zurückliegen, liegen die Gründe meist tiefer. Vielleicht haben Sie aufgrund Ihrer Eigenschaften und Einstellungen einfach

Soll-Ist-Vergleich: Was wurde erwartet und was haben Sie geleistet?

Seien Sie in der Bewertung Ihrer Leistung unbedingt ehrlich zu sich selbst.

keine Branchenpassung. Als sensibler Schöngeist passen Sie zum Beispiel nicht in die Haifischbranchen der Finanz- und Versicherungswelt. Oder Ihnen fehlt die spezifische unternehmenskulturelle Passung. Ein inhabergeführtes, mittelständisches Unternehmen auf dem Land kommt für den Großstadtmenschen mit großem Autonomiebedürfnis nicht infrage. Vielleicht haben Sie aber auch eine unpassende Einstiegsposition gewählt, in der Sie Ihre Kenntnisse und Fähigkeiten nicht wie erwartet entwickelt haben.

Und noch einmal ganz deutlich: Schuldige zu suchen, bringt Sie nicht weiter. Es hat nicht gepasst. Bei einem oder mehreren Bewertungskriterien haben Sie in diesem Unternehmen nicht gepunktet. Ob das eher daran lag, dass Sie nicht eingearbeitet wurden oder eine Einarbeitung nicht eingefordert haben, daran, dass der Chef nie da und die Kollegen immer beschäftigt waren oder Sie sich nicht getraut haben, auf Ihre Ansprechpartner zuzugehen, spielt jetzt keine Rolle mehr, es hat nicht gepasst. Das heißt nicht, dass Sie generell nichts können oder ein schwieriger Mensch sind. Lernen Sie aus der Situation und schauen Sie nach vorne. Noch brauchen Sie keine Ratgeber zur Kunst des erfolgreichen Abstiegs oder zum Thema Scheitern als Chance.

Haben Sie keine Gelegenheit zu Gesprächen mit Ihrem Chef und Ihren Kollegen, sollten Sie zumindest einen professionellen Coach aufsuchen, um mit ihm als einer neutralen Instanz die Dinge zu reflektieren und zu strukturieren. Familie und Freunde sind nicht objektiv und werden Ihre Sichtweise annehmen. Das mag erst einmal angenehm für Sie sein, aber es bringt Sie nicht weiter.

Lernen Sie aus der Situation. Wenn Sie diese erste berufliche Krise meistern, werden Sie gestärkt daraus hervorgehen. Wer im Leben einmal gescheitert ist und dieses Scheitern bewältigt hat, kann spätere Tiefs besser überwinden. Und jetzt führen Sie sich vor Augen, dass es tatsächlich immer weiter geht. Ihre Karriere fängt gerade erst an.

Der rote Faden im Leben

Wer sollte sich um Ihr Leben kümmern, wenn Sie es nicht tun? Für eine erfolgreiche Laufbahnplanung brauchen Sie einen roten Faden. Jeder Mensch hat einen. Wenige wissen das,

Schuldige zu suchen, bringt Sie nicht weiter.

An schwierigen Situationen können Sie wachsen.

Wer sollte sich um Ihr Leben kümmern, wenn Sie es nicht tun?

144

viele finden ihn nicht, aber er ist da. Und spätestens jetzt ist der Zeitpunkt, um innezuhalten und Ihren roten Faden aufzunehmen. Fragen Sie sich, ob Ihre beruflichen Ziele zu dem passen, was Sie eigentlich brauchen.

Das Leben ist bekanntlich kein 100-Meter-Lauf, sondern eher ein Marathon. Die meisten Menschen überschätzen, was sie in einem halben oder einem ganzen Jahr arbeiten können, unterschätzen aber, was sie in zehn Jahren schaffen können.

> Das Leben ist kein 100-Meter-Lauf, sondern eher ein Marathon.

Nehmen Sie sich die Zeit und denken Sie darüber nach, worum es Ihnen im Leben eigentlich geht und wo Ihr roter Faden liegt. Leben Sie das Leben, das Sie leben wollen? Haben Sie den Beruf gewählt, den Sie ausüben wollen? Arbeiten Sie das, was Sie arbeiten wollen? Zugegeben, diese drei Fragen sind mit die größten, die sich ein Mensch im Laufe seines Lebens stellen kann. Und eine Antwort darauf schütteln die meisten nicht einfach so aus dem Handgelenk. Fangen Sie bei der Beantwortung dieser großen Fragen klein an. Welche Ziele passen zu Ihnen?

> Welche Ziele passen zu Ihnen?

Klären Sie zuallererst die Frage, zu wem oder was die Ziele passen sollen. Zu den Vorstellungen Ihrer Eltern oder Ihres Partners? Zu den Normen der Gesellschaft? Oder zu Ihnen, zu Ihrer Persönlichkeit und Ihren Vorstellungen vom Leben?

Beim Übergang vom Studium in den Beruf können Sie zwischen wenig festgelegten Berufswegen, zum Beispiel einem Traineeprogramm oder einem Direkteinstieg in gewinnorientierten Unternehmen oder einem klassisch vorgezeichneten Laufbahnberuf unterscheiden. Wenn Sie sich bei Ihrer Studien- und Berufswahl für einen vorgezeichneten Laufbahnberuf entschieden haben, beispielsweise für eine Beamtenlaufbahn im höheren Verwaltungsdienst, für eine Laufbahn als Lehrer an Gymnasien, für eine Karriere als Pfarrer im Kirchendienst oder für die Offizierslaufbahn bei der Bundeswehr, liegt Ihr Berufsweg relativ deutlich vor Ihnen. Es gibt ein konkretes Curriculum mit klar definierten Berufsstationen. Hier stellt sich für Sie die Frage der individuellen beruflichen Laufbahnplanung weniger.

Alle diejenigen, die sich für einen nicht festgelegten Berufsweg in der Wirtschaft oder in einem gemeinnützigen Unternehmen entschieden haben, beispielsweise als Betriebswirt, als Geisteswissenschaftler oder als Ingenieur, sind gefordert, sich in höherem Maße selbst um ihre Karriere zu kümmern.

Und das ist heute im Vergleich zu früher anspruchsvoller. Denn früher galt zwischen Unternehmen und Arbeitnehmern ein ungeschriebener Vertrag. Die Firma kümmert sich um ihre Mitarbeiter und entlässt nicht ohne Not. Dafür bleiben die Angestellten dem Betrieb dauerhaft loyal verbunden. Eine Karriere war in viel größerem Maße von einem einzigen Unternehmen und einer betriebsinternen Laufbahn geprägt, als das im 21. Jahrhundert der Fall ist.

Der soziale Kontrakt zwischen Arbeitnehmer und Unternehmen zerbricht mehr und mehr. Unternehmen werden immer häufiger gemanagt, statt von einem Inhaber geführt. Und Manager managen auch gerne mal Mitarbeiter weg, um Kosten zu sparen. Wer aber gegenüber seinen Mitarbeitern nicht ein Minimum an Loyalität, Ehrlichkeit und Transparenz walten lässt, wird im Gegenzug auch keine Loyalität bekommen. Nach Schätzungen des Meinungsforschungsinstituts *Gallup* fühlten sich noch vor einigen Jahrzehnten 60 bis 80 Prozent einer Belegschaft moralisch verpflichtet, im Unternehmen zu bleiben. Heute sind es nur noch 12 Prozent. 68 Prozent, so die Schätzung von *Gallup,* schieben Dienst nach Vorschrift und 20 Prozent haben bereits innerlich gekündigt.

Ist für Sie eine betriebsinterne Karriere bei Ihrem ersten Arbeitgeber möglich und wünschenswert?

Dienst nach Vorschrift und innere Kündigung, das muss nicht sein!

> **Praxistipp**
> Schließen Sie noch heute eine Arbeitsrechtsschutzversicherung ab. Im Streitfall haben Sie dadurch die Möglichkeit, einen Fachanwalt für Arbeitsrecht zu konsultieren und notfalls vor das Arbeitsgericht zu ziehen, ohne die erheblichen Kosten dafür tragen zu müssen. Egal wie friedfertig Sie sind, die moderne Arbeitswelt ist immer weniger berechenbar und Ihr Einfluss auf Kontrahenten sehr begrenzt.

Für Sie als Berufseinsteiger heißt das, dass Sie Ihren Berufsweg weniger von einem einzelnen Unternehmen abhängig machen sollten als vielmehr von Ihren Fähigkeiten, Ihren Zielen und Ihrem inneren roten Faden. Aus der Loyalität zu einem Unternehmen wird eine Loyalität zu den eigenen Möglichkeiten und eigenen Wünschen.

Auf der Suche nach passenden beruflichen Zielen für Ihre Zukunft können Sie in der Vergangenheit ansetzen und zunächst einmal schauen, welche Motive und Rollenvorbilder für Ihre Berufswahl ausschlaggebend waren.

Welche Motive haben Sie zu Ihrer Studien- und Berufswahl veranlasst? Der Wunsch nach Sicherheit, der Wunsch nach Abenteuer, der Wunsch nach viel Geld, der Wunsch nach Macht oder Status, der Wunsch nach einer sinnvollen Tätigkeit oder vielleicht einfach der Wunsch danach, etwas zu tun, das Ihnen Spaß macht?

Welche Motive und Rollenvorbilder haben zu Ihrer Berufswahl geführt?

Und welche Rollenvorbilder haben Sie? Ihren Vater, den helfenden Arzt? Ihre Mutter, die erfolgreiche Anwältin? Den abenteuerlichen Onkel, der als Bauingenieur viele aufregende Auslandsprojekte durchgeführt und Ihnen oft schöne Postkarten geschickt hat? Vielleicht waren Sie auch von einzelnen Lehrern begeistert oder den Eltern Ihrer Klassenkameraden? Manche Menschen fühlen sich von Medienstars zu einem bestimmten Berufsweg inspiriert. Von wem waren oder sind Sie begeistert?

Haben Sie sich nach der Schule aus Sozialzwängen heraus für oder gegen ein bestimmtes Studium und damit eine konkrete Berufsrichtung entschieden? Vielleicht für die Medizin, weil Ihr Opa Ihnen das Studium finanziert und sich gewünscht hat, dass Sie in seine Fußstapfen treten?

Wenige Menschen können sich von Sozial- oder Sachzwängen gänzlich frei machen und wirklich das studieren und arbeiten, was sie im Innersten erfüllt. Kennen Sie jemanden, der seinen Kindheitstraum lebt? Diese Menschen werden von den meisten bewundert, weil sie oft erfolgreich sind und Zufriedenheit ausstrahlen. Dabei ist das Erfolgsrezept dieser Menschen eigentlich ganz einfach.

Bei einem Maschinenbauingenieur in der Automobilindustrie könnte es lauten: *Das Geheimnis meines Erfolgs ist, dass ich einfach nur ein Kerl bin, der die besten Autos bauen will.* Für eine Psychologin oder eine Ärztin könnte das Motto sein: *Das Geheimnis meines Erfolgs ist, dass ich einfach nur eine Frau bin, die etwas zu einer besseren Lebensqualität beitragen will.* Und das Geheimnis einer Betriebswirtin im Schraubenhandel könnte sein, als Teil eines Unternehmens dazu beitragen zu wollen, für 150 Mitarbeiter einen sicheren Arbeitsplatz zu gewährleisten.

Der innere rote Faden:
Motive, Eigenschaften
und Fähigkeiten

Wenn Sie passende Ziele für Ihre Zukunft finden wollen, sollten Sie Ihre Motive, Ihre Persönlichkeitseigenschaften und Fähigkeiten als inneren roten Faden bewusst aufgreifen.

Sie kennen bereits die Grundmotive des Menschen, das Beziehungs-, das Macht- und das Leistungsmotiv. In den Crashkursen haben Sie darüber hinaus wichtige Karrierefaktoren kennengelernt und getestet, welche Ihrer Persönlichkeitseigenschaften und Fähigkeiten wie stark ausgeprägt sind. Fassen Sie jetzt konkret zusammen, was für Sie wirklich wichtig ist, und benennen Sie, welche Motive Sie antreiben.

Motivmotoren	nicht wichtig	weniger wichtig	eher wichtig	sehr wichtig
Geselligkeit: Anschluss an andere Menschen				
Macht: Einfluss auf andere				
Leistung: an Leistungsgrenzen gehen				
Status: großes Ansehen bei anderen				
Wettbewerb: sich mit anderen messen				
Unabhängigkeit: selbständig, frei leben				
Neugier: Unbekanntes erforschen				
Gestaltung: etwas bewirken, verändern				
Uneigennützigkeit: anderen helfen				
Sicherheit: ein gesichertes Einkommen				
Geld: sehr viel Geld verdienen				
Spaß: ein hoher Spaßfaktor				

Prüfen Sie, ob Sie mit Ihrem Studienabschluss, in Ihrem Berufsbild, bei Ihrem ersten Arbeitgeber und mit der von Ihnen gewählten beruflichen Laufbahn die für Sie wichtigen Dinge leben und umsetzen können. Heute! Und in der Zukunft. Passen Sie mit Ihrer Persönlichkeit zu Ihrem Arbeitgeber und zu Ihren Aufgaben? Und passen Ihre Aufgaben und Ihr Arbeitgeber zu Ihnen?

Passung: Wenn's passt, läuft's wie geschmiert.

Nutzen Sie die folgende Frage, um bei der Wahl Ihrer künftigen Arbeitgeber und Aufgaben Ihren inneren roten Faden nicht aus dem Auge zu verlieren.

Aufgabe 13: Welche Ihrer Motive, Ihrer Eigenschaften und Fähigkeiten können Sie bei einem bestimmten Unternehmen (Branche, Unternehmenskultur) und in einer konkreten Aufgabe (Position, Funktion, Tätigkeit) ausleben?

Einige Passungsbeispiele: Ein ausgeprägtes Geselligkeitsmotiv verkümmert im Keller eines Archivars, zwischen den Regalen eines Bibliothekars oder vor dem Computerbildschirm eines Softwareentwicklers. Ein starkes Wettbewerbs- und Leistungsmotiv blüht im Vertrieb, im Finanz- und Versicherungsbereich oder in der Selbstständigkeit auf. Sicherheitsbedürfnis findet in vorgezeichneten Beamtenlaufbahnen einen festen Boden, Neugier in der Wissenschaft, Uneigennützigkeit in gemeinnützigen Unternehmen und Machtstreben in Führungspositionen.

Positionen für *Alphaplayer* erfordern ein hohes Potenzial (engl. *high potential*) und die Bereitschaft und Fähigkeit, den beruflichen Zielen vieles, zeitweise auch alles andere unterzuordnen. In technischen Berufen wird häufig der *Hands-on*-Typ gebraucht, der mit einem hohen Gestaltungsmotiv die Ärmel hochkrempelt und etwas bewirken und verändern will.

Alphaplayer und Hands-on-Typen

Statusdenken pflegt man noch immer am ehesten in der Medizin und der Rechtsprechung, in hohen Ämtern und Positionen, und das häufig auf dem Golfplatz.

Häuptlinge und Indianer, Löwen und Füchse

Nutzen Sie neben den zwölf Motivmotoren auch die in der Praxis häufig verwendeten Kategorisierungen von Mitarbeitertypen als Anregung: Da ist die Rede von *Schatzjägern, Gipfelstürmern* und *Bodenpersonal,* von *Häuptlingen* und *Indianern, Generälen* und *Soldaten* oder von *Löwen, Füchsen, Schafen* und *Fischen*. Die Aufzählung ließe sich endlos weiterführen. Mal abgesehen davon, dass es einen gewissen Spaß bringt, die nett formulierten Beschreibungen zu lesen, stecken in jedem der genannten Typen bestimmte Motive, Eigenschaften und Fähigkeiten. Reflektieren Sie, welche Typbezeichnung Sie sich selbst geben würden, welche Merkmale Sie diesem Typen, also sich selbst, zuschreiben und wo, in welchem Umfeld, sich der Typ, wiederum Sie selbst, mit seinen individuellen Merkmalen am wohlsten fühlt. Ein General fühlt sich zum Beispiel selten wohl, wenn er Befehle ausführen soll, ein Gipfelstürmer verzweifelt, wenn er am Boden gehalten wird, und ein Fisch gehört ins Wasser.

Prüfen Sie in Ihrer gesamten beruflichen Laufbahn sowohl Ihre Arbeitgeber als auch Ihre Aufgaben daraufhin, ob Sie Ihre Motive, Eigenschaften und Fähigkeiten ausleben können. Je mehr das der Fall ist, desto zufriedener und erfolgreicher werden Sie leben.

Der Fisch im Wasser: Jeder braucht sein Element.

Tatsächlich dürften Sie aber kaum ein Umfeld finden oder gestalten können, in dem Sie alles zu 100 Prozent und für immer ausleben können. Eine gewisse Kompromissfähigkeit, zeitweise sogar Leidensfähigkeit sollten Sie mitbringen. Aber Sie sollten nicht zu lange zu faule Kompromisse eingehen oder zu viel leiden. Sonst fühlen Sie sich bald wie ein Fisch auf dem Trockenen und bekommen keine Luft mehr. Der Fisch ist nur im Wasser in seinem Element. An Land stirbt er.

Und noch ein Aspekt: Sie werden nur dann wirklich gut und erfolgreich sein, wenn Sie Ihre Sache gerne machen. Denn nur dann werden Sie den nötigen inneren Antrieb und die Willenskraft aufbringen, gegen alle Widerstände und Verlockungen an Ihren Zielen festzuhalten. Stellt sich jetzt noch die Frage, was Sie eigentlich langfristig erreichen wollen.

Nachdem Sie bis hierher Ihren inneren roten Faden aufgegriffen haben und gesehen haben, womit Sie von innen heraus erfolgreich und zufrieden sein können, geht es darum, zu definieren, welches konkrete und längerfristige Ziel Sie verfolgen wollen.

Nehmen wir einmal das 40. Lebensjahr als Fixpunkt in der Zukunft. Der eine setzt sich zum Ziel, mit 40 Jahren eine Führungsposition mit großer Verantwortung zu besetzten. Die andere will mit 40 Chefärztin sein. Die Entwicklungsingenieurin will möglichst viele Patente angemeldet haben. Und der Kommunikationswissenschaftler ein Jahreseinkommen von 150.000 Euro erzielen. Vielleicht spielen bei Ihnen ähnliche Überlegungen eine Rolle. Vielleicht liegen Ihre Ziele aber auch erstmal im privaten Bereich. Etwa eine Weltreise, bevor Sie Mutter werden, oder das eigene Haus, bevor Sie eine Familie gründen.

> Längerfristige Ziele: Wo wollen Sie mit 40 stehen?

Auch Ihre Ziele hängen von Ihren Motiven und von Ihren Rollenvorbildern, Ihren Sach- und Sozialzwängen ab. Ihr innerer roter Faden weist Ihnen Ihren Berufs- und Lebensweg. Stellen Sie sich einmal folgender Aufgabe.

Aufgabe 14: Versetzen Sie sich gedanklich in das Jahr, in dem Sie 40 Jahre alt werden. Definieren Sie dann zunächst, wo Sie mit 40 Jahren stehen. Was haben Sie beruflich und privat erreicht? Welcher Tätigkeit gehen Sie nach? Wie zufrieden sind Sie? Blicken Sie von diesem Punkt in der Zukunft auf Ihre Berufslaufbahn zurück und schreiben Sie sich auf, welche wichtigen Stationen Sie durchlaufen haben und was Sie konkret dafür getan haben, um mit 40 da zu stehen, wo Sie stehen. Wichtig ist, dass Sie Ihre Gedanken wirklich aufschreiben. Dadurch unterbrechen Sie das Grübeln über Ihre Zukunft.

Sicher kennen Sie die Phrase, dass das Leben das ist, was passiert, während Sie dabei sind, andere Pläne zu machen. Oder die Weisheit, dass leben heißt, mit dem klarzukommen, was die Realität von den großen Erwartungen übrig lässt. Und sicher ist auch etwas dran, dass, bei aller guten Planung, das Leben so manche Überraschung bereithält. Wer das große Glück plant und die kleinen glücklichen Momente links und rechts liegen lässt, weil er sie gar nicht sieht oder sie nicht schätzt, wird nie zufrieden sein. Wer jedoch darauf wartet, dass das Leben alles für ihn bereithält und regelt, wer

> Glück haben heißt oft, in einem unerwarteten Moment gut vorbereitet zu sein.

dem Zufall das Heft des Handelns in die Hand gibt, der wird in einem unerwarteten Moment nicht gut genug vorbereitet sein und das Glück gar nicht greifen können.

Jetzt erfahren Sie, wie Sie Ihre Karriere in der Arbeitswelt des 21. Jahrhunderts langfristig sichern können.

Die langfristige Karriere sichern

Den richtige Zeitpunkt für Entscheidungen nicht verpassen.

Viele junge Menschen zwischen 16 und 35 Jahren, so auch die Ergebnisse der Umfrage *Trendmonitor 2011,* wollen einen tollen Job und eine Familie, Kinder und Karriere, aber Sie wollen sich nicht binden. Laut Umfrage nennen 89 Prozent der befragten *Unabhängigkeit* und 88 Prozent *Spaßhaben* als besonders erstrebenswert. Wunsch und Wirklichkeit klaffen offensichtlich weit auseinander. Zwischen den Ansprüchen und der Einsatzbereitschaft können Sie schnell zerrieben werden.

Sichern Sie sich Ihre langfristige Karriere, indem Sie planvoll vorgehen. Dadurch vermeiden Sie, in eine Sackgasse zu geraten, aus der Sie, wenn überhaupt, nur mit viel Aufwand wieder herausfinden. Außerdem verringern Sie so das Risiko, den richtigen Zeitpunkt zu verpassen, zu dem Sie Entscheidungen treffen müssen. Beachten Sie die folgenden fünf Punkte.

Eigene Einsatzbereitschaft definieren

Wer stets mehr will, als er einzusetzen bereit und in der Lage ist, macht sich sein Leben unnötig schwer.

Überlegen Sie, was Sie selbst tun können und müssen, um Ihre Ziele zu erreichen. Was können und wollen Sie einsetzen? Damit sind nicht nur Überstunden, Nachtschichten, Lernbereitschaft und Ihre intellektuelle Fähigkeit gemeint. Zu beachten sind auch Durchsetzungsvermögen, Wahrnehmungsfähigkeit und Gespür für den richtigen Moment und der Mut, selbigen zu ergreifen, wenn es bei einem Arbeitgeber zum Beispiel nicht weitergeht und Sie besser kündigen sollten.

Außerdem sollten Sie Ihr Ziel in realistisch große Schritte einteilen, denn wer zu schnell zu viel will, wird gegen die Wand rennen. Die Definition Ihres Einsatzpotenzials gelingt am besten mit einer gesunden realistischen Selbsteinschätzung. Unterstützend können Sie bei einem Diplom-Psychologen auch verschiedene Tests absolvieren, um eine Basis für Ihre Selbsteinschätzung zu erhalten, wenn Sie das wollen.

Ziele im Auge behalten

Zwischen beruflichem Erfolg und Misserfolg entscheidet die Konsequenz, mit der Sie Ihre Ziele verfolgen. Trotz immer schnellerem Auf und Ab der (Arbeits-)Märkte sollten Sie Ihr Ziel im Auge behalten. Geben Sie nicht vorschnell auf und nehmen Sie auch nicht übereilt Jobangebote an, von denen Sie nicht überzeugt sind. Eine Allensbach-Umfrage zur Finanzkrise 2008/2009 bestätigt, dass in Deutschland gerade Menschen im Alter von 16 bis 29 Jahren die größten Zukunftsängste haben. Jeder Dritte befürchtet eine Verschlechterung seiner persönlichen Situation.

Behalten Sie Ihre Ziele im Auge!

Die Angst vor der Zukunft bringt so manchen dazu, Dinge für den Lebenslauf zu tun, statt für sich, und vieles auszuhalten, statt zu handeln. Tun Sie das nicht! Der demografische Wandel arbeitet für Sie. Als gut ausgebildeter Akademiker werden Sie zunehmend bessere Chancen auf dem Arbeitsmarkt haben. Bereits heute können viele Stellen nur schwer besetzt werden, weil die nötigen Fach- und Führungskräfte fehlen.

Personalpolitik des Arbeitgebers prüfen

Achten Sie bei Ihrem ersten und allen weiteren Arbeitgebern darauf, dass das Unternehmen klare Aussagen zur Personalpolitik macht. Sei es durch die Teilnahme an einem Arbeitgeberwettbewerb, in welchem sich Unternehmen hinsichtlich verschiedener Kriterien messen und ihre Qualität als Arbeitgeber bewertet wird, oder durch Information auf der Firmenhomepage oder Antworten auf Ihre Fragen im Vorstellungsgespräch.

Wählen Sie Ihre Arbeitgeber bewusst.

Wichtige Bewertungskriterien sind beispielsweise: Aufstiegschancen, Weiterbildungsmöglichkeiten, verantwortungsvolle Aufgaben, angenehmes Arbeitsklima, gute Sozial- und Vergütungsleistungen, Vereinbarkeit von Berufs- und Familienleben, betriebliches Gesundheitsmanagement und viele mehr. Ihr jeweiliger Arbeitgeber bietet Ihnen einen mehr oder weniger guten Rahmen für Ihre Zielerreichung. Erinnern Sie sich daran, dass Sie, einmal in einem Umfeld angekommen, selbiges so gut wie nicht verändern können. Gehen Sie deshalb sofort dahin, wo Sie hinpassen. Denken Sie an den Fisch: Der sucht sich als Rahmen für sein Leben und Wirken das Meer aus, nicht die Wüste.

Reflexion des eigenen Karriereentwurfs

Reflektieren Sie Ihre Karriereziele regelmäßig.

Die Welt verändert sich, und Karriereziele sollten stetig auf Aktualität und Machbarkeit geprüft werden. So sinnvoll es ist, nicht gleich beim ersten Widerstand aufzugeben, so wichtig ist es, seine Ziele regelmäßig mit der Realität abzugleichen. Denn das Leben lässt sich nicht zu 100 Prozent durchorganisieren. Wer diesen Anspruch hat, den wird der kleinste Windhauch der Unwägbarkeit in eine schwere Krise stürzen. Bedenken Sie die verschiedenen Wechselfälle des Lebens: Tod der Eltern, Trennung vom Partner, Krankheit, Insolvenz des Arbeitgebers und viele mehr.

Boxenstopp beim Karriereberater

Konsultieren Sie in regelmäßigen Abständen einen Coach.

Haben Sie während Ihres Studiums die Unterstützung eines *Career Centers* der Hochschule in Anspruch genommen? Immer mehr Hochschulen bieten diese Dienstleistung nach amerikanischem Vorbild an. Warum sollte man auch mit einer Berufswahlberatung warten, bis das Studium beendet ist und sich der Absolvent erstmals klar darüber wird, dass er mit seiner Studienrichtung eigentlich gar nicht das arbeiten kann, was ihn von innen heraus befriedigt und was ihn seine langfristigen Lebensziele erreichen lässt.

Das Gleiche gilt, wenn Sie im Berufsleben stehen. Im globalen Kapitalismus des 21. Jahrhunderts gibt es derart viele berufliche Möglichkeiten, Chancen und Gefahren, dass es in unübersichtlichen Situationen sehr sinnvoll sein kann, die Dienstleistung eines Karriereberaters in Anspruch zu nehmen. Die „Reparaturkosten" unreflektierter Entscheidungen sind viel höher als die vorbeugende Investition in eine ordentliche Beratung.

Begin with the end in mind. (amerikanische Managementlehre)

Beachten Sie die fünf Punkte für Ihre längerfristige Karriereplanung bewusst. Überlassen Sie Ihr Berufsleben nicht dem Zufall. Auch wenn die nächsten Jahre, die Mitte und auch das Ende Ihrer Karriere noch in weiter Ferne liegen, lohnt es sich, nach der amerikanischen Managementlehre *Begin with the end in mind* vorzugehen.

Von der *Midlife-Crisis* zur *Midjob-Crisis*, das muss nicht sein!

Denn immer häufiger lässt sich ein bestimmtes Phänomen beobachten: die *Midjob Crisis* analog zur *Midlife Crisis*. Beruflich erfolgreiche Menschen um das 40. Lebensjahr herum ereilt immer häufiger eine Sinnkrise. Sie stellen sich die Fragen:

Ist es das wirklich, was ich tun will? Will ich diesen Job wirklich noch 20 Jahre weiter machen? War das schon alles? Und was kommt jetzt? Warten Sie nicht darauf, bis Sie diese Sinnkrise ereilt. Wer berufliche Ziele verfolgt, die nicht aus ihm selbst herauskommen, und wer weder in den Zielen selbst noch in der Zielerreichung Befriedigung und Zufriedenheit findet, auf den wartet hinter seinen Zielen Leere, Sinn- und Bedeutungslosigkeit.

Ein mehr oder weniger rastloses Zielrennen kann die Folge sein: Vermeintlich wichtige Ziele werden hintereinander abgearbeitet und aufgereiht, die nichts miteinander zu tun haben. Ziele, die zu Ihnen passen, die etwas mit Ihnen zu tun haben und die Sie zufrieden machen, reihen sich hingegen sinnvoll aneinander, wie die Perlen einer Kette. So wird aus den vor Ihnen liegenden Berufsjahren etwas Wertvolles, etwas Bleibendes.

> *Glück ist nicht das Ziel, sondern der Weg.*
> (frei nach Buddha)

Nicht dass es Ihnen eines Tages so ergeht wie den Männern in Japan: In Japan werden alte Männer, die nach einer Karriere von ihrem Umfeld und vom Leben nicht mehr gebraucht werden, als *nasses Herbstlaub* bezeichnet. Sie treiben durch die Stadt und hocken in zugigen U-Bahn-Schächten, ihrer ehemaligen Bedeutung nachtrauernd. Bedauernswerte alte Männer. Stellen Sie sich auf Ihrem Berufsweg ab und an die folgenden Fragen: *Wofür mache ich das alles? Und was bleibt von dem, was ich mache, übrig?*

> Was am Ende übrig bleibt.

Zum Abschluss dieses Buches möchte ich Sie ermutigen, an Ihrem inneren roten Faden entlang ein Leben zu gestalten, das Sie selbst auch leben wollen. Stellen Sie sich in regelmäßigen Abständen die Frage, ob Sie mit Ihrer beruflichen Situation zufrieden und glücklich sind. Passt Ihre Managementkarriere oder Ihre Fachkarriere zu Ihnen? Fühlen Sie sich in Ihrem Unternehmensumfeld, einer gewinnorientierten oder gemeinnützigen Organisation wohl? Kommen Sie mit Ihren Kollegen und den Chefs klar?

Wenn Sie diese Fragen an irgendeinem Punkt in Ihrer Karriere mit Nein beantworten, besteht Handlungsbedarf. Dabei geht es in der Regel überhaupt nicht darum, ein neues Leben zu starten. *Ein neues Leben kann man sowieso nicht beginnen. Aber Sie können täglich einen neuen Tag beginnen* (frei nach Henry David Thoreau).

> *Ein neues Leben kann man nicht beginnen. Aber täglich einen neuen Tag.*
> (Henry David Thoreau)

Es geht darum, im komplexen Getriebe aus Ihren Aufgaben, dem Unternehmen, Ihren Chefs und Kollegen und Ihrer Persönlichkeit die Hebel zu finden und in Bewegung zu setzen, die eine Verbesserung Ihrer Situation bewirken. Und hier schließt sich der Kreis.

Sie kennen das folgende Schaubild bereits aus der Einleitung. Es zeigt die vier zentralen Themenfelder, die Sie durch das Buch begleitet haben. Es zeigt die komplexen Zusammenhänge, Wechselwirkungen und Rückkoppelungen zwischen diesen Themenfeldern, die Sie nun im Blick haben.

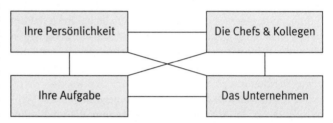

Die vier Themenfelder, die Sie in Ihrem Berufsleben im Blick haben sollten

Sie haben in diesem Buch über Freud und Leid beim Übergang vom Studium in den Beruf gelesen. Sie haben erfahren, welche Einflussmöglichkeiten Sie haben, Ihre Situation zu gestalten. Worauf Sie achten sollten. Und wovor Sie sich hüten müssen.

Durch die zahlreichen Anregungen, Tests und Trainingseinheiten in diesem Buch und durch die Erfahrungen der ersten Arbeitswochen haben Sie erkannt, dass das Umfeld, das Unternehmen, in dem Sie arbeiten, eine große Auswirkung darauf hat, was Sie tun und was Sie lassen können. Unterschätzen Sie das bei Ihrer künftigen Arbeitgeberwahl nie. Suchen Sie sich ein Unternehmensumfeld, das es Ihnen ermöglicht, die Dinge zu tun, die Sie näher zu Ihrem Karriereziel bringen.

Der Versuch, ein unpassendes Umfeld so zu ändern, dass es für Sie passt, kostet Sie viel zu viel Energie und ist erfahrungsgemäß nicht wirklich von Erfolg gekrönt. Lassen Sie diesen Kampf gegen Windmühlen und setzen Sie Ihre Energie sinnvoller für Ihre eigene persönliche und fachliche Entwicklung in Ihrer Management- oder Fachkarriere ein. Denn auf

Kämpfen Sie nicht gegen Windmühlen! Entweder Sie fühlen sich wohl oder Sie ändern Ihre Situation oder Sie verlassen das Feld.

156

nichts haben Sie mehr Einfluss als auf sich selbst, wenn es auch zu den schwierigsten Dingen gehört, diesen Einfluss Tag für Tag zu nehmen.

Suchen Sie sich herausfordernde Aufgaben, die Ihnen wirklich Spaß machen, Aufgaben, an denen Sie wachsen können. Und umgeben Sie sich mit den richtigen Chefs und Kollegen, die Sie dabei unterstützen, dass Sie Ihre Ziele erreichen.

Gestalten Sie sich Ihre Arbeit und damit einen großen Bereich Ihres Lebens so, dass Sie morgens mit dem Gefühl aufstehen, den Tag und alles, was kommt, anpacken zu wollen.

Und noch einen Gedanken möchte ich Ihnen mit auf Ihren beruflichen Weg geben: Sie können in Ihrem Arbeitsleben alles Mögliche tun oder lassen, um Zufriedenheit, Erfüllung und Glück zu finden. Sie können es durch Ihren großen Einsatzwillen bis ganz nach oben schaffen. Sie können durch strategische Schachzüge sehr viel Geld verdienen. Sie können durch eine sozial anerkannte Tätigkeit viel Sinn und Anerkennung von Dritten erfahren.

Manchmal besteht das Glück – frei nach Theodor Fontane – *aber auch ganz einfach aus einer Grießsuppe, einer Schlafstelle und keinen körperlichen Schmerzen.*

Ich wünsche Ihnen viel Erfolg bei Ihrem Berufseinstieg und auf Ihrem Karriereweg!

Gott, was ist Glück? Eine Grießsuppe, eine Schlafstelle und keine körperlichen Schmerzen – das ist schon viel. (Theodor Fontane)

LITERATURTIPPS

Amon, I. (2002): Die Macht der Stimme. Persönlichkeit durch Klang, Volumen und Dynamik. Frankfurt am Main

Aurel, Marc. (⁸1973). Selbstbetrachtungen. Stuttgart

Covey, S. R. (2000). Der Weg zum Wesentlichen. Frankfurt am Main

De Waal, F. (2009). Der Affe in uns. Warum wir sind, wie wir sind. München

Ericsson K. Anders (Hrsg.) (2006): The Cambridge Handbook of Expertise and Expert Performance (Cambridge Handbooks in Psychology). Cambridge

Esser, A.; Wolmerath, M. (⁶2005): Mobbing. Der Ratgeber für Betroffene und ihre Interessenvertretung. Frankfurt am Main

Göhner, W.; Fuchs, R. (2006): Änderung des Gesundheitsverhaltens. MoVo-Gruppenprogramm für körperliche Aktivität und gesunde Ernährung. Göttingen

Hartmann, M. (2002): Der Mythos von den Leistungseliten: Spitzenkarrieren und soziale Herkunft in Wirtschaft, Politik, Justiz und Wissenschaft. Frankfurt am Main

Haug, C. V. (⁴2008): Erfolgreich im Team. München

Hüther, G. (⁹2009): Bedienungsanleitung für ein menschliches Gehirn. Göttingen

Kaluza, G. (2005): Stressbewältigung. Trainingsmanual zur psychologischen Gesundheitsförderung. Heidelberg

Kunz, G. C. (2007): Vom Mitarbeiter zur Führungskraft. Die erste Führungsaufgabe erfolgreich übernehmen. München

Martens, J. U.; Kuhl, J. (²2005): Die Kunst der Selbstmotivierung. Neue Erkenntnisse der Motivationsforschung praktisch nutzen. Stuttgart

Oberg, K. (1960): Cultural shock: Adjustment to a new cultural environment, in: Practical Anthropology, 7, 1960, S. 177–82

Petzold, H. G. (²2004): Integrative Therapie. Paderborn

Ruoff, H. (2008): Die Kunst des erfolgreichen Abstiegs. Vom guten Leben jenseits der Karriere. Freiburg im Breisgau

Schein, E. H. (³2006): Career Anchors: Self Assessment. 3. Auflage. John Wiley & Sons. San Francisco

Schröder, J.-P. (2010): Scheitern als Chance. Selbsttraining für den erfolgreichen Neuanfang. Berlin

Schuler, H. (Hrsg.) (²2005). Lehrbuch der Personalpsychologie. Göttingen

Seneca (¹⁴1978): Vom Glückseligen Leben. Stuttgart

Sprenger, R. (¹⁰1999): Das Prinzip Selbstverantwortung. Frankfurt am Main

Suter, M. (2007). Unter Freunden und andere Geschichten aus der Business Class. Zürich

Watzlawick, P.; Beavin, J. H.; Jackson D. D. (⁹1996): Menschliche Kommunikation. Formen, Störungen, Paradoxien. Bern

Willmann, H.-G. (2009): Das Jobwechsler Buch. Wie Sie es sich leicht machen, einen neuen Job zu finden. Berlin

STICHWORTVERZEICHNIS